青创力量

——新时代航天青年创新实践

中国航天科技集团有限公司团委　编

中国宇航出版社
·北京·

图书在版编目（CIP）数据

青创力量 : 新时代航天青年创新实践 / 中国航天科技集团有限公司团委编. -- 北京 : 中国宇航出版社, 2025. 6. -- ISBN 978-7-5159-2528-8

Ⅰ. F426.5

中国国家版本馆CIP数据核字第2025VF2727号

责任编辑 马　喆　　**封面设计** 廖果同

出版发行 中国宇航出版社

社　址 北京市阜成路8号　**邮　编** 100830

(010)68768548

网　址 www.caphbook.com

经　销 新华书店

发行部 (010)68767386　(010)68371900

(010)68767382　(010)88100613(传真)

零售店 读者服务部

(010)68371105

承　印 北京中科印刷有限公司

版　次 2025年6月第1版

2025年6月第1次印刷

规　格 710×1000

开　本 1/16

印　张 21.25

字　数 301千字

书　号 ISBN 978-7-5159-2528-8

定　价 78.00元

习近平给中国航天科技集团空间站建造青年团队的回信

中国航天科技集团空间站建造青年团队的同志们：

你们好！读了来信，我想起了9年前在你们那里同青年科研人员交流的情景。9年来，从天宫、北斗、嫦娥到天和、天问、羲和，中国航天不断创造新的历史，一大批航天青年挑大梁、担重任，展现了新时代中国青年奋发进取的精神风貌。

建设航天强国要靠一代代人接续奋斗。希望广大航天青年弘扬“两弹一星”精神、载人航天精神，勇于创新突破，在逐梦太空的征途上发出青春的夺目光彩，为我国航天科技实现高水平自立自强再立新功。

在五四青年节到来之际，我向你们并向航天战线全体青年同志致以节日的祝贺！

习近平

2022年5月2日

编 委 会

前　言

习近平总书记高度重视航天事业发展，对航天青年提出明确要求和殷切希望。2013年五四青年节当天，习近平总书记来到中国航天科技集团公司（以下简称集团公司）参加主题团日活动，强调创新的制高点在科技，科技创新的希望在青年。2022年五四青年节到来前夕，习近平总书记给集团公司空间站建造青年团队回信，希望广大航天青年在逐梦太空的征途上发出青春的夺目光彩，为我国航天科技实现高水平自立自强再立新功。在接见嫦娥六号任务参研参试人员代表时，习近平总书记希望我们再接再厉、乘势而上，为建设航天强国再立新功。

一直以来，在集团公司党组的坚强领导下，广大航天青年牢记习近平总书记谆谆教导，在天宫、北斗、嫦娥、天问等航天重大工程任务中挑大梁担重任，以青年人特有的创新优势和激情活力，实现了许多航天关键技术由跟跑并跑、向并跑领跑的跨越，用青春智慧和先锋力量迈出了航天高科技自立自强的坚实步伐，展示了新时代航天青年奋发有为的精神面貌。

集团公司党组持续深入贯彻落实习近平总书记关于青年工作的重要思想，主动思考、主动谋划、主动作为，特别是制定印发了《关于加强新时代青年创新工作的意见》，对未来一段时间的青年创新工作从战略层面进行部署推动。全系统各单位结合实际制定推出青年创新创效的办法举措，为新时代航天青年施展才干、实现梦想搭建起更为广阔的全景舞台。

为在广大青年中大力倡导敢于担当、勇于创新、善于攻关、甘于奉献，立足岗位作贡献的良好风尚，集团公司团委组织编写《青创力量》一书，集纳了一大批青年创新成果助力航天科技高质量发展的创新案例，有提出颠覆性概念理论实现我国在航天尖端科技领域重大自主创新的青年团队，有解决我国新一代航天器“长寿命”技术瓶颈的创新故事，有突破高效率燃油泵设计难题的攻坚过程，有推动我国智能可重构芯片领域创新发展的宝贵经验……

希望通过此书的编撰发行，新时代航天青年能够以榜样为镜、向先进看齐，接棒奋起、突破创新，始终牢记党的教诲、心怀“国之大者”、立志民族复兴，不负韶华、不负时代、不负人民，在发展新质生产力、建设航天强国的火热实践中书写“请党放心、强国有我”的无悔青春，为我国航天科技实现高水平自立自强再立新功。

目 录

青创聚力　锻铸大国重器

青创出新　突破前沿技术

青创赋能　打造关键产品

青创行远　拓展产业应用

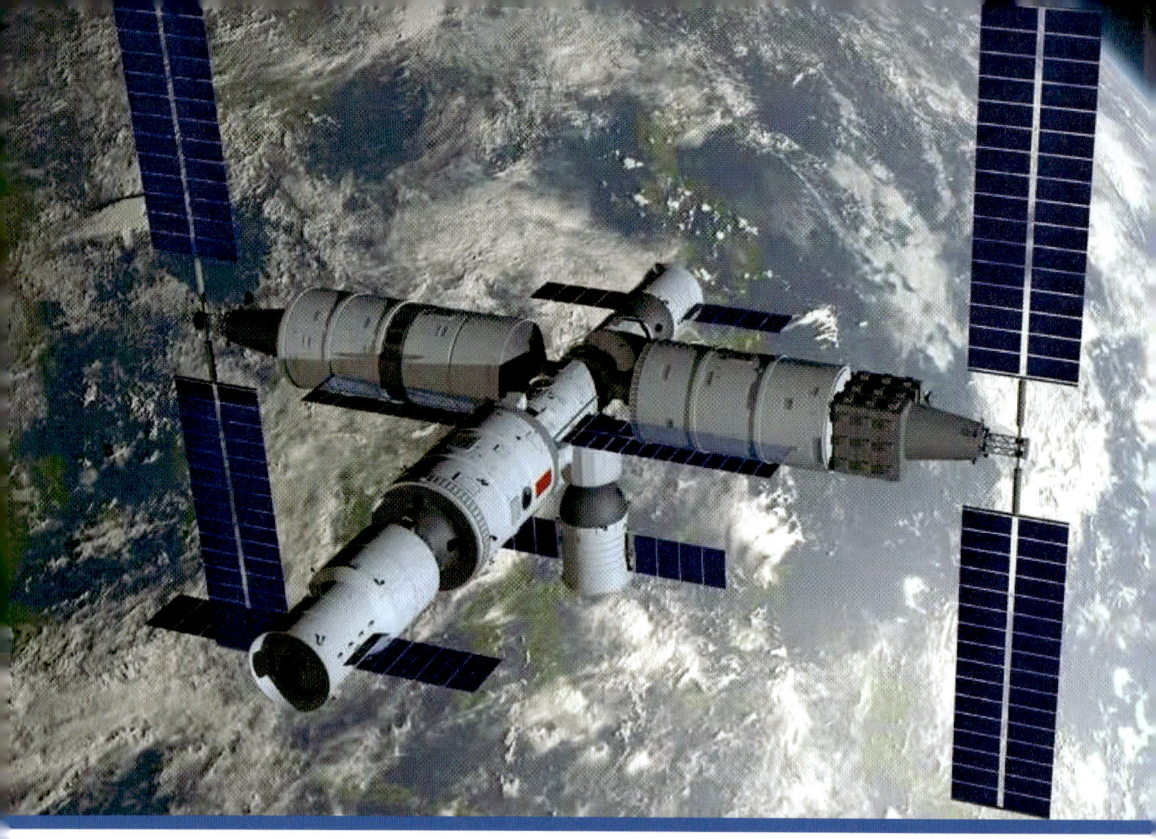

青创聚力　锻铸大国重器

探索浩瀚宇宙，发展航天事业，

建设航天强国，是我们不懈追求的航天梦。

筑梦星空　以青春之力助“胖五”行稳致远

长征五号系列运载火箭总体研制团队，来自中国运载火箭技术研究院第一设计部，团队成员共42人，35周岁以下青年占65%。团队荣获中国青年五四奖章集体、2024年中国宇航学会“最美科技工作者”团体等多项荣誉称号，累计获得技术奖项30余项，其中国家科学技术进步奖特等奖1项、国防科学技术进步奖特等奖1项，授权专利94项。

长征五号是我国运载火箭升级换代的里程碑工程，是我国实施探月工程三期月球采样返回、首次火星探测、载人空间站工程等一系列国家重大工程的重要基础和前提。长征五号总体研制团队不畏挑战，充分发挥年轻人爱拼肯干的特点，用扎实细致的工作筑牢长征五号系列火箭圆满完成国家重大工程任务的根基，支撑中国人探索太空的步伐越走越远、越走越稳。

十年砺剑，只争朝夕，以青春臂膀托举时代梦想

从国家 863 计划开始，长征五号就启动了论证工作。作为一型承担着划时代使命的运载火箭，长征五号工程研制阶段时间跨度大、创新难点多，全

团队合影

箭核心关键技术247项，新技术比例高达92%，打破了国际主流火箭研制中新技术比例不超过30%的传统。总体研制团队作为火箭设计“源头”，以十年如一日的韧性，通过无数次的设计论证和几十项大型地面试验，持续突破关键技术。

2016年11月3日晚，检验总体研制团队的时刻到了。临近发射窗口，面对氢氧发动机预冷条件没有达到发射要求、倒计时过程关键参数显示异常等突发状况，01指挥员沉着冷静、有序指挥，各系统指挥员按照事先制定的故障预案逐项开展工作，一条条口令、一项项操作在最短时间内完成，最终正常点火发射、载荷成功入轨！长征五号首飞成功将我国进入空间的能力大幅提高2.5倍以上，标志着中国航天向前迈进了坚实的一大步。

中共中央、国务院、中央军委在首飞成功后的贺电中指出：“长征五号火箭是我国运载火箭升级换代的工程，创新难点多、技术跨度大、复杂程度高，代表了我国运载火箭科技创新的最高水平。……使我国火箭运载能力进入国际先进行列。这一重大成就，是我国由航天大国迈向航天强国的重要标志。”

卧薪尝胆，凤凰涅槃，以青春之光刺破至暗阴云

距离长征五号首飞圆满成功 8 个月后，总体研制团队信心满满地迎接第二次飞行试验。2017 年 7 月 2 日，长征五号遥二火箭顺利点火升空，但飞行 300 秒左右，氢氧发动机突发故障，推力瞬时大幅下降，任务失败。指挥大厅一片寂静，很多人默默流下了眼泪。“失利”来得那样突然，让团队猝不及防。

面对棘手的技术难题，顶着外界的质疑和批评，总体研制团队没有退缩，咬紧牙关与扑朔迷离的故障较量着。经过 908 天不懈坚守，每一位成员都付出巨大努力，完成了中国航天史上最漫长的技术归零。2019 年 12 月 27 日，长征五号遥三火箭在文昌航天发射场腾空而起，带着恢宏的气势奔向太空，任务圆满成功，型号队伍走出了至暗时刻！而在华丽转身的那一瞬，他们眼中闪烁着的不仅是青春之光，更饱含对未来的无限憧憬。

长征五号腾空而起

发动机试车

雄关漫道，昼夜星驰，以青春之我建设航天强国

长征五号总体研制团队深知逆水行舟、不进则退的道理，始终保持临渊履冰的敬畏之心，持续开展技术创新和方案优化，通过推进加注系统改进、加注流程优化等，消除了发动机氧入口压力波动问题；通过预冷流程优化，实现了液氢系统循环泵不增压启动；提出并推广设计特性全集、飞行时序事件链等质量管控方法，确保产品质量一致性，筑牢成功基础；通过优化测发流程、精简测发项目，在测试有效覆盖的前提下将测发周期压缩 45%，有力支撑了系列火箭的高密度发射。

风雨是考验，更是磨砺！面对长征五号遥八火箭执行嫦娥六号任务发射前突发极端雷雨天气的情况，各岗位人员按照系统预案对现场的各项参数进行精细判读，大厅外、大雨如注，大厅内、有条不紊。几分钟后，伴随着大地的剧烈震颤，火箭直冲云霄。那一刻，大家紧锁的眉头终于舒展开来，眼神中流露出信任和欣慰。嫦娥六号月球探测器的成功入轨再次成为长征五号“风雨无阻、使命必达”的完美代言。

奋斗是青春最亮丽的底色，行动是青年最有效的磨砺。长征五号总体研制团队始终牢记总书记的嘱托和初心使命，在祖国最需要的地方绽放青春之花，在实现中国梦、航天梦的伟大实践中书写别样精彩的人生。

嫦娥舒广袖 月背采样回

嫦娥六号总体设计青年团队，来自中国空间技术研究院总体设计部，团队成员共23人，平均年龄34.7岁，主要从事深空探测器系统总体设计工作，参与了嫦娥六号探测器系统总体设计等重要任务，团队成员获得集团公司科学技术进步奖等荣誉。

2024年6月25日，随着嫦娥六号返回器携带1935.3克月背样品着陆在内蒙古四子王旗，中国成为人类历史上第一个从月球背面获取月壤样品的国家，也是世界上第一个同时独立自主拥有月球正面和背面月壤样品的国家。嫦娥六号总体设计青年团队在研制过程中，汇聚多学科专业技术人才，从系统设计层面开展了逆行轨道设计、自主起飞流程设计、中继风险控制、搭载载荷系统设计及管理等创新工作，有力保障了嫦娥六号任务的圆满成功。

使命感召担重任，矢志不渝铸辉煌

在嫦娥五号成功后，团队牵头开展了嫦娥六号的论证任务，以“敢为天下先”的理念，将“与美国等航天强国在航天领域跟跑、并跑到领跑”的责任扛在肩上，奋力推动“中国航天不断创造新的历史”。在论证过程中，团

团队合影

队将目标设定在月背，做出“最难的选择”。通过嫦娥四号，中国实现了月背着陆巡视；通过嫦娥五号，中国实现了月球正面采样返回。但这并不意味着嫦娥六号能够轻松实现月背采样的目标，而是要集合两项任务的所有难度。团队在嫦娥五号设计基础上勇于创新突破，尽最大可能实现更大目标，通过任务顶层设计识别关键环节，充分开展试验验证，顺利推进了嫦娥六号探测器的研制。

集智攻关解难题，系统创新克难关

团队在嫦娥六号任务论证和设计中遇到的首要问题是轨道设计。面对探测器技术状态已确定、推进剂可使用量有限，仍要实现新飞行目标的艰巨任务，团队集智攻关，首先提出了逆行环月轨道方案，在保持既有软硬件产品

嫦娥六号月背工作照

不发生变化的条件下，通过调整捕获方向和飞行方向，解决了着陆上升组合体因采样点位置变化导致的对日面变化难题。其次，为保证在推进剂强约束条件下的高精度轨道控制，团队采用了基于进动速率差的环月轨道面外参数被动控制方法，确保了嫦娥六号任务高质量、高效益地完成。

面对月球背面起飞上升任务中起飞环境不确定、定位手段受限、自主性要求高等难点，团队开展了一系列设计工作。针对定位手段受限问题，提出了基于高分辨率底图的月表图像匹配定位方案，解决了月背无法直接采用传统无线电测量定位的难题。为避免起飞环节中继链路不确定性对时序逻辑产生的影响，团队从智能自主设计思路着手，完成了航天器自主起飞参数计算、在规定时间启动相应任务级指令序列的自主流程设计，实现了无须天地中继链路配合下月背起飞准备流程的自主化，保障了嫦娥六号上升器安全可靠起飞。

在嫦娥六号任务中，中继通信是连通地月两端的信息桥梁，同时也是任务级的单点风险。针对在嫦娥六号动力下降前的中继星故障风险，团队设计了应急着陆月球正面的飞行轨道方案，同时兼顾了着陆月球背面和月球正面两个着陆区的要求，有效应对了中继星可能发生故障带来的任务实施风险。同时，针对飞行各关键环节中可能发生的中继链路故障，团队制定了全流程故障预案，有效降低中继单点故障模式给任务带来的技术风险。

国际合作树典范，拓展认知结硕果

作为一次国际合作之旅，嫦娥六号搭载了来自欧空局、法国、意大利、巴基斯坦四个国家和国际组织的科学载荷。团队面对不同国家、不同机构的技术协调，开展了有效的接口控制工作，确保了搭载设备可靠工作。针对搭载供电安全性和在轨分离安全性开展了严格的设计和验证。对搭载载荷工作时机等飞行程序设计提出了数据成果最大化方案，为人类拓展关于月背环境的认知提供了助力。

征程如许，历历如新。嫦娥六号任务作为中国航天当前已实施技术挑战最大、工程风险最高的探月任务，总体设计团队深感责任艰巨，怀揣“敢为天下先”的创新理念，用一片赤诚助力我国取得了人类第一份月背月壤样品。宇宙奥秘无限，事业征途漫漫，创新永无止境。团队将继续自主创新、团结奋斗，不断书写航天强国建设的新篇章。

团队研制攻关

北斗织星网　天堑变通途

北斗三号星间链路青年创新团队，来自中国空间技术研究院通信与导航卫星总体部，团队成员共14人，其中青年占71%，主要从事导航卫星星间链路技术研究，参与了北斗三号卫星星间链路关键技术攻关和星座组网等重要任务，先后获得全国创新争先奖、集团公司科学技术进步奖、集团公司十大技术突破奖等多项荣誉。

鲁迅曾言，世上本无路，走的人多了，就成了路。几十年后的 2015 年 8 月 9 日，两颗北斗三号卫星在 20000 千米外的太空首次“握手”，仿佛也在感慨：“太空本无路，数据传输多了，便有了星间链路。”

在美西方地缘战略的影响下，我国无法像美国 GPS 系统那样在全球建站。中国北斗要实现全球卫星导航服务，就必须闯出一条属于自己的技术之路——星间链路。2011 年，一群平均年龄不到 28 岁的青年组成了北斗三号星间链路青年创新团队。经过 5 年的开拓创新、集智攻关，团队实现国内首次导航卫星在轨星间建链通信，走出了一条自主可控之路。2019 年，团队再次实现创新突破，实现国际首次中高轨卫星激光星间链路建链通信。

团队合影

北斗卫星实现在轨第一次“握手”

团队组建初期，国内外均无测量通信一体化星间链路的工程实现经验可供借鉴。一切都是未知，挑战如影随形，压力似山压顶。正如该分系统负责人王子玉所说：“那感觉就像是在黑暗中摸索，但我们心中有光，那就是为北斗三号打造最可靠的星间链路。”

在浩瀚宇宙中，让小小卫星准确“握手”谈何容易。查资料、找文献是他们的基本工作，讨论会、分析会、评审会是他们的日常。团队结合系统建设需求，创新性地提出连续捷变兼容的混合星间链路体制，实现优势互补、系统最优。

提出开创性技术只是第一步，要确保在轨成功应用，必须通过地面充分

团队讨论星间链路方案

验证。刚刚走出校门不久的康博士大胆提出模拟星间链路在轨工作场景的新型试验验证方案，得到专家一致认可和支持，并获许建造电性能模拟卫星。基于此试验，团队摸索出一套有效的星间链路测试方法，解决了高精度指向和精密测量工程化实现的诸多难题，实现了数万千米范围内厘米级的测距精度。

激光建链，“针尖对麦芒”

如果说微波星间链路让中国北斗走向世界一流，那么激光星间链路总体技术的攻关和试验验证，则代表着领先世界的雄心壮志。激光星间链路的工程实现难度极大，其最大难点在于激光波束极窄，要在相隔数万千米的两颗卫星之间搭建稳定高速传输链路，这对高精度指向控制和误差标定的要求简直高到极致。

在最初的在轨建链过程中，那些在地面上看似可行的方法，到了天上却难以实现。团队成员尝试了多种手段，却都以失败告终。然而，他们没有放弃，经过无数次失败后的重新再来，无数次的热烈讨论与反复试验验证，最终创造性地提出了全新的在轨标校方法，完美地解决了这一技术难题。团队成员回顾那段时间大家常说的一句话：“你见过凌晨 4 点的太阳吗？没，因为大厅里 24 小时都开着灯，大家一直都处在高度忙碌的工作状态。”

用青春之歌践行新时代北斗精神

星间链路团队的故事，完美诠释了“新时代北斗精神”。

自主创新，他们勇闯无人之地，首创多项技术体制，为北斗星间链路奠定基础。

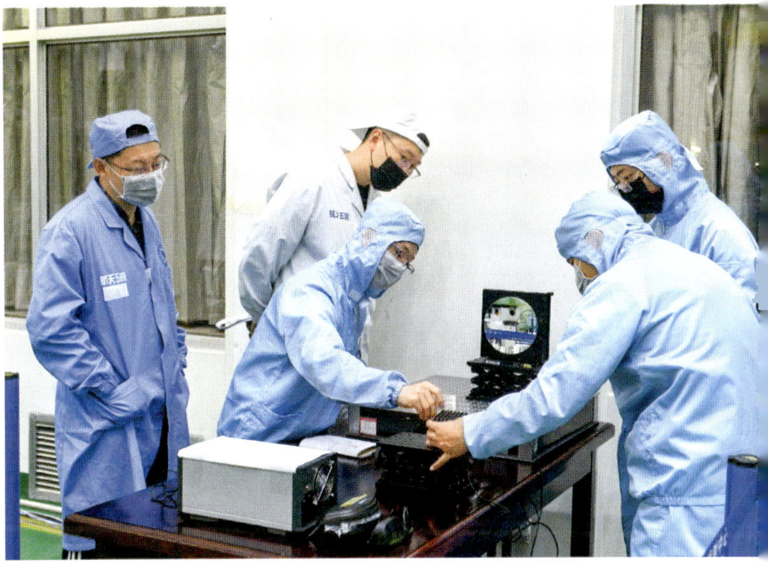

团队攻关技术难题

开放融合，在激烈竞争中，他们坦诚相待，与各方合作，如溪流汇海。

万众一心，面对困难挑战，他们心往一处想，劲往一处使，以强大的凝聚力和战斗力诠释“团结就是力量”。

追求卓越，他们不断挑战自我、超越自我，精心雕琢每一个技术细节，持续探索星间链路技术发展方向和路线。

自成立以来，团队牵头完成多项导航重大专项课题研究，支撑确定了北斗三号星间链路总体技术体制，完成 26 颗北斗三号卫星星间链路建设任务，相关技术达到国际领先。他们的青春，在航天舞台上绽放出最绚丽的光彩。这群青年，用他们的智慧、勇气和汗水，编织着北斗星网，让天堑变通途。他们是新时代最美奋斗者，为国家航天事业书写着壮丽的篇章。

筑梦天宫　托举最大载荷入太空

马楠，1987年4月生，来自航天推进技术研究院西安航天动力研究所，工作以来主要从事我国高压补燃液氧煤油火箭发动机技术研究工作，参与了某中型火箭遥三以来历次重大发射任务，曾获得集团公司十大技术突破、陕西省优秀青年岗位能手、集团公司科学技术进步奖二等奖（2次）、集团公司杰出青年奖等荣誉。

空间站作为人类历史上规模最大的航天器，其中梦天实验舱是我国迄今为止质量最大的载荷，新一代运载火箭的动力系统为其提供了澎湃“神力”。马楠及其青年团队在新型液氧煤油发动机工程研制和可靠性增长试验阶段，解决了多项技术难题，有力保障了新型发动机迈向工程应用；参与了新一代载人运载火箭大推力泵后摆发动机等研制工作，创新提出多项技术方案，提升了发动机功能性能，拓宽了液煤发动机型谱。

攻克难题，确保任务圆满成功

新一代运载火箭是我国载人航天工程、探月工程、火星探测等重大专项任务的重要一环，承载着中华民族的航天强国梦想。马楠所在团队研制的 120

吨级、18吨级高压补燃循环液氧煤油发动机是其主动力装置。

马楠在靶场参加长征七号火箭发射任务

作为团队骨干，马楠在两型液氧煤油发动机工程研制阶段以及可靠性增长试验阶段，相继解决了发动机关机特性控制等技术难题，系统开展了可靠性增长研制总结及成果应用论证。2019年以来，马楠负责开展两型液氧煤油发动机薄弱环节治理工作，组织全面梳理改进了多项薄弱环节，他表示："随着我国航天事业蓬勃发展，运载火箭进入高密度发射阶段，未来对发动机的需求会更大，目前我们处在发动机批量化生产转型阶段，要针对薄弱环节改进提升。"

在发射天舟二号货运飞船任务中，马楠针对推迟发射情况，现场组织开展液氧煤油发动机逆流程处理和检查确认工作，详细开展液氧煤油发动机数据分析确认，保证发动机状态正常，确保了载人空间站建设重大任务圆满成功。

创新突破，拓宽发动机型谱

2018年，马楠参与了新一代载人运载火箭大推力泵后摆发动机、18吨级两次起动发动机等新型液氧煤油发动机研制。

全新的领域如何快速破冰入局？为此，马楠带领团队结合系统动态仿真等手段解决了分级起动等难题，论证并成功实施极限工况可靠工作边界摸底等考核，为泵后摆发动机技术基线确立奠定基础，验证了泵后摆发动机多机工作的协调性和在最大热力环境下的工作可靠性。

18 吨级发动机要求具备两次起动能力。承接任务后，马楠一鼓作气，连续奋战，几天后，拿出两次起动系统方案设计。方案中不仅有以往发动机研制中的经验教训，更多的是面对新技术要求的大胆创新和探索，以及提升发动机性能的建设性意见。功夫不负有心人，18 吨级两次起动发动机原理验证试车一次成功，项目顺利转入工程研制。

几个新型液氧煤油发动机的研制提升了液氧煤油发动机功能性能，拓展了液氧煤油发动机型谱，也为我国未来载人月球探测等航天探索奠定了坚实的基础。

持续迭代，推动发动机技术日臻成熟

5 月的文昌，热浪滚滚，长征七号遥三火箭静静地伫立在测试厂房。作为

与同事共同梳理重点工作

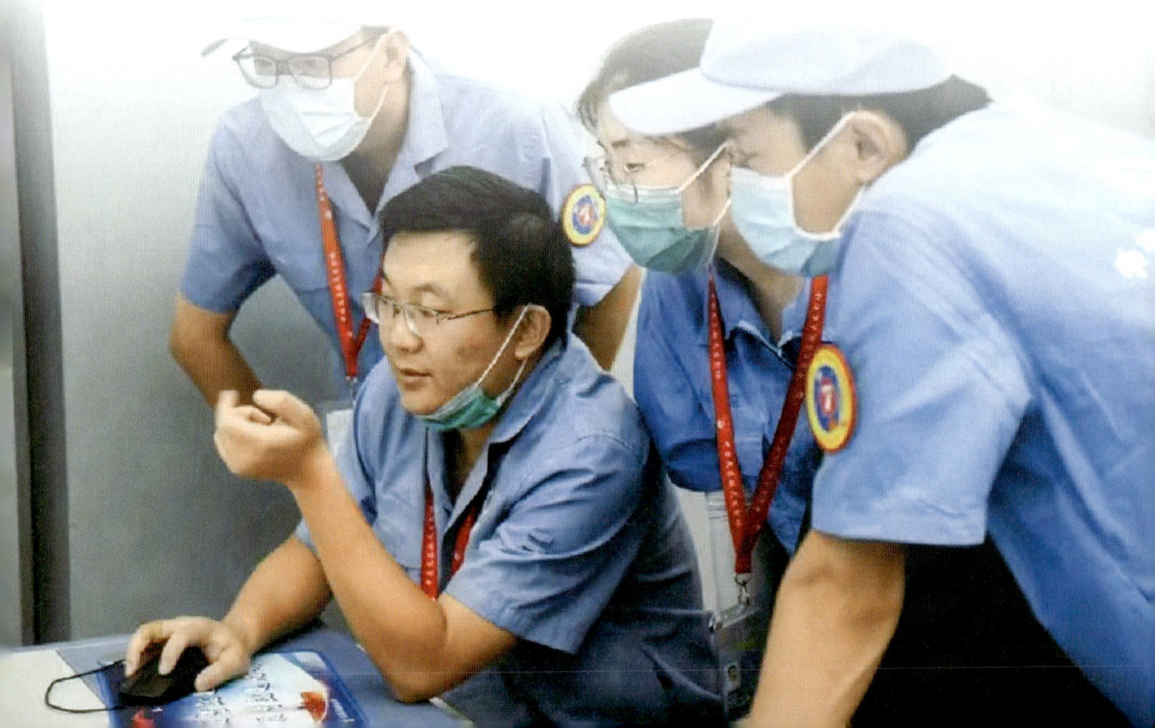

马楠所在的液氧煤油发动机长征七号空间站任务试验队在海南文昌航天发射场

长征七号火箭动力系统发动机负责人的马楠，手持平板电脑，一项项认真地确认发动机测试参数，汗水不知不觉间润湿了身上的工服。

发动机是火箭的心脏，上下游连着增压输送系统、地面供气供液系统和动力测试系统等，涉及仪器设备、线缆仪表千千万万，所有的数据都是他关注的焦点，只有一个个数据完美，才是烈焰喷发、长箭轰鸣的安全保障。

2022 年 11 月，梦天舱的发射和天舟五号两个任务周期高度重合，发射场工作任务并行。马楠说："因为疫情，发动机队伍人员不足，我们经常两边跑，有时甚至通宵加班，这对我们团队是很大的挑战。"

面对液氧煤油发动机产能提升等繁重科研生产任务，他带领技术人员采用信息化手段，实现发动机研制全过程数据自动化获取及分析，大幅提高了研制效率和准确性。组织完成液氧煤油发动机非稳态过程动力学特性研究等基础研究工作，形成了发动机通用化系统动力学仿真平台，实现精确仿真，有效指导了项目研制工作。

继往开来，作为我国航天战线的青年科研工作者，马楠将以传承老一代航天传统、发扬新时代航天精神为己任，始终脚踏实地、创新探索，为航天强国建设作出应有的贡献！

奋斗为翼仿真护航　助力“天宫”星际翱翔

可靠性与仿真研究室青年攻关团队，来自上海航天技术研究院上海宇航系统工程研究所，团队成员共54人，其中35岁以下青年占57%，主要从事力学环境、动力学设计、热环境与热控设计及可靠性等研究工作，先后参与空间站建造、探月工程、多型运载火箭首飞等重大工程任务。曾荣获第21届全国青年文明号、上海市青年文明号、上海市经信委先进基层党组织，成员入选2023年度“上海市青年科技英才扬帆计划”、获得集团公司青年拔尖人才等荣誉称号。

2022 年 11 月 3 日，随着空间站梦天实验舱顺利完成转位，我国“天宫”空间站 T 字基本构型在轨组装完成。在太空探索的征程中，空间站 6 副大型柔性太阳电池翼（以下简称“柔性翼”）是保障空间站在轨可靠运营的“能量源泉”，也是我国空间站突破的四项关键核心技术之一。

2011 年 12 月，国家在《关于开展空间站工程技术攻关的批复》中，明确将柔性太阳电池翼列为空间站四大攻关关键技术之一。在研制攻关过程中，可靠性与仿真研究室青年攻关团队创新建立了一套大型柔性结构非线性动力学精准仿真与试验测试方法体系，为空间站柔性翼的成功研制及应用提供了精准可靠的技术支撑。

团队合影

勇挑重担，奋斗为翼

我国空间站建成后，需要在轨运营至少 15 年。在此期间，空间站内各系统的运转、航天员的生活、实验舱中各类实验仪器的正常工作，都需要大面积太阳电池翼在轨维持持续供电。而作为一种全新的太阳电池翼，柔性翼的系统组成、展开原理、技术难点与传统的刚性、半刚性太阳电池翼大相径庭。

以实验舱上安装的柔性翼为例，其翼展近 27 米，面积达 138 平方米，但厚度却不足 1 毫米，薄如蝉翼，基频低至 0.08 赫兹，且一次展开后进行交会对接的要求在国际上尚属首次。为了实现精准控制长且柔的柔性翼，确保两个航天器在对接时的精度和稳定度，团队亟须在地面开展试验验证模拟在轨情况。但受空气阻力、重力、悬吊系统等环境因素与测试设备的影响，团队无法沿用半刚性太阳电池翼地面力学试验的成功经验；且受限于柔性翼的长度和面积，也无法在真空罐中建立悬吊系统开展试验验证。

因此，建立一套柔性翼动力学仿真设计新方法体系，成为突破柔性翼设计技术、支撑空间站建设的关键环节。

创新攻关，破茧成蝶

自 2011 年以来，团队十年如一日，用实际行动践行着“特别能吃苦、特别能战斗、特别能攻关、特别能奉献”的载人航天精神，成功攻克了柔性翼动力学设计中一个又一个关键难题，见证了空间站的破茧成蝶。

2016 年，团队开展了初样产品首次地面常压环境下的试验验证。与空间环境不同，地面环境中的重力、空气阻力因素往往会导致试验误差。在试验过程中，团队发现柔性翼的基频比当初仿真值低了 50%，假如这是客观事实，

团队成员正在判读柔性翼力学试验数据

团队成员在北京航天飞行控制中心前合影

将颠覆整个中国空间站的设计方案！连续一个月的加班加点，团队成员在忐忑和焦虑中试图找到误差出现的原因，却迟迟没有答案。这时，团队负责人猜想："会不会是试验系统对这么低频的对象不适用，导致试验结果本身有问题？"围绕这条线索，团队再次开展了 20 多种状态的 100 余次试验、上千次仿真，终于发现了超低频模态试验系统在极低频下的"钟摆效应"，揭示了测试系统误差与真值之间的关系，最终实现在轨辨识误差小于 0.005 赫兹，为空间站在轨稳定运行提供了坚实可靠的技术基础。

除此之外，团队还建立大型柔性结构低成本、短周期、全覆盖功能性能验证准则，实现载荷预示精度优于 90%，为柔性翼结构的合理设计及减重设计提供精准指导；微重力环境模拟精度优于 5‰，试验综合仿真模态结果与在轨辨识误差优于 10%；同时，大幅降低试验成本，与同类型在准真空环境下开展试验相比，节约试验成本不低于 1000 万元 / 次。

征程可期，逐梦远航

当前，我国空间站共有天和、问天和梦天的 6 副柔性翼在轨稳定运行。历经十余年的刻苦攻关，团队在柔性翼的动力学设计方面达到国内领先、国际先进技术水平，为后续其他大型展开机构在轨动力学参数辨识奠定了坚实基础，充分展现了“可靠靠能力、仿真真功夫”的过硬能力，且相关成果已成功应用于载人登月、探月工程和高分专项等国家重大工程中，并取得了显著的经济、国防和社会效益。

面向新的征程，可靠性与仿真研究室青年攻关团队将牢记嘱托、砥砺奋进，持续深耕专业技术、勇于攀登科技高峰，为加快航天强国建设贡献青春智慧、青春力量!

向新图强 助力我国首型4米级运载火箭腾飞

长征十二号运载火箭首飞青年研制团队，来自上海航天技术研究院，团队成员共169人，其中35岁以下青年占51%，主要从事我国首型3.8米直径单芯级液体运载火箭的研制工作。该型火箭是由上海航天技术研究院抓总研制，是我国目前运载能力最强的两级单芯级火箭，已于2024年11月30日在海南商业航天发射场完成首飞。

碧海边、椰林畔，我国首型 3.8 米箭体直径运载火箭——长征十二号屹然伫立，作为长征火箭家族的“新面孔”，长征十二号火箭像是一名身形健硕的短跑运动员，时刻准备着以更轻快的身姿、更轻松的起跑征战寰宇，奔赴属于它的星辰大海。

托举火箭成功起飞的背后，有这样一支队伍，他们擎新箭翻山越海、守初心砥砺前行，坚持用新思路新技术造新火箭，在型号研制过程中主动创新求变应对全新挑战，集智攻关解决重大难题，着力为加快适应新质生产力打造航天重器，为我国航天事业再立新功。

团队合影

矢志不渝、追寻突破，3.8米新箭径引领跨代升级

在我国运载火箭研制初期，受到运输条件的限制，特别是铁路隧道的宽度与高度，长征系列中型运载火箭均沿用3.35米箭体直径。为了加快适应当前商业发射市场需求，有效提升运载能力，长征十二号运载火箭在国内首次采用3.8米箭体直径。更大的直径意味着更大的结构空间，在实现装配更大规格发动机的同时，也能容纳更多的推进剂和有效载荷，可以满足更加广泛的发射任务需求。

为此，团队坚持不懈奔波于北京、上海之间，一遍遍将总体方案论证推翻重来，一次次对总体性能指标优化提升，把一个个“不确定”变成如今长征十二号“确定”的模样，以实际行动践行青年航天“匠人”的光荣身份。团队多次走访和调研铁路总公司、上海铁路局等多家单位，针对我国铁路运输路况较复杂的路段进行限界测量，并与兄弟单位反复迭代论证，最终选定箭体直径3.8米。

全新的箭体直径可同时容纳 4 台 1250 千牛的液氧 / 煤油发动机，实现箭体直径与发动机数量的最佳适配，配上两级“光杆”构型，可适应多种测发模式，以及内陆和沿海公路、铁路和海运多种运输方式，满足更加广泛的发射任务需求，让长征十二号“山海皆可跨、使命必可达”。

精益求精、创新超越，20余项新技术应运而生

从课题萌芽到工程实践，从笔尖流淌的公式推演到技术更迭的果敢坚决，团队始终坚持“瞄准世界科技前沿，打造一款跨代发展的新型运载火箭”的信念，在挑战中创新前行、在机遇中突破崛起，先后突破了包括全三平无人值守、牵制释放、冷氦增压、基于光纤高速总线的综合电子在内的一系列新技术攻关，在扎实提升火箭可靠性、安全性、便捷性的同时，积极引领我国

团队成员正在认真判读数据

下一代运载火箭的技术发展。

比如，长征十二号拥有大细长比的两级最简构型，高挑的“身材”对飞行过程的稳定性提出了更高要求。而控制系统作为火箭的“大脑”，需要保证火箭在整个飞行阶段具有极强的稳定性。为解决小摆角下的大风区可控性问题，团队在长征十二号火箭上创新应用“干扰补偿 + 主动减载 +AAC 自适应控制”的主被动减载控制方案，同时对发动机机架变形进行补偿，挖掘摆角余量，让火箭能够于方寸间掌控澎湃动力，御风而行。

随着运载火箭新技术跨代应用，发射安全性越来越受到关注，牵制释放技术为航天科技的发展打开了新的可能。牵制释放机构需要极高可靠性，既要能牵住，又要能放开。团队历时 4 年进行可靠性试验 1200 次，叠加牵制性能试验、释放性能试验、高低温试验、随动试验等十余项试验总计达到 2000 次以上，先后顺利完成 20 余次单机测试和 7 次系统级四机释放试验，确保火箭点火后那 1 秒钟的完美表现，让火箭腾空而起，直冲云霄。

团队正在开展第一次合练阶段整流罩试合罩

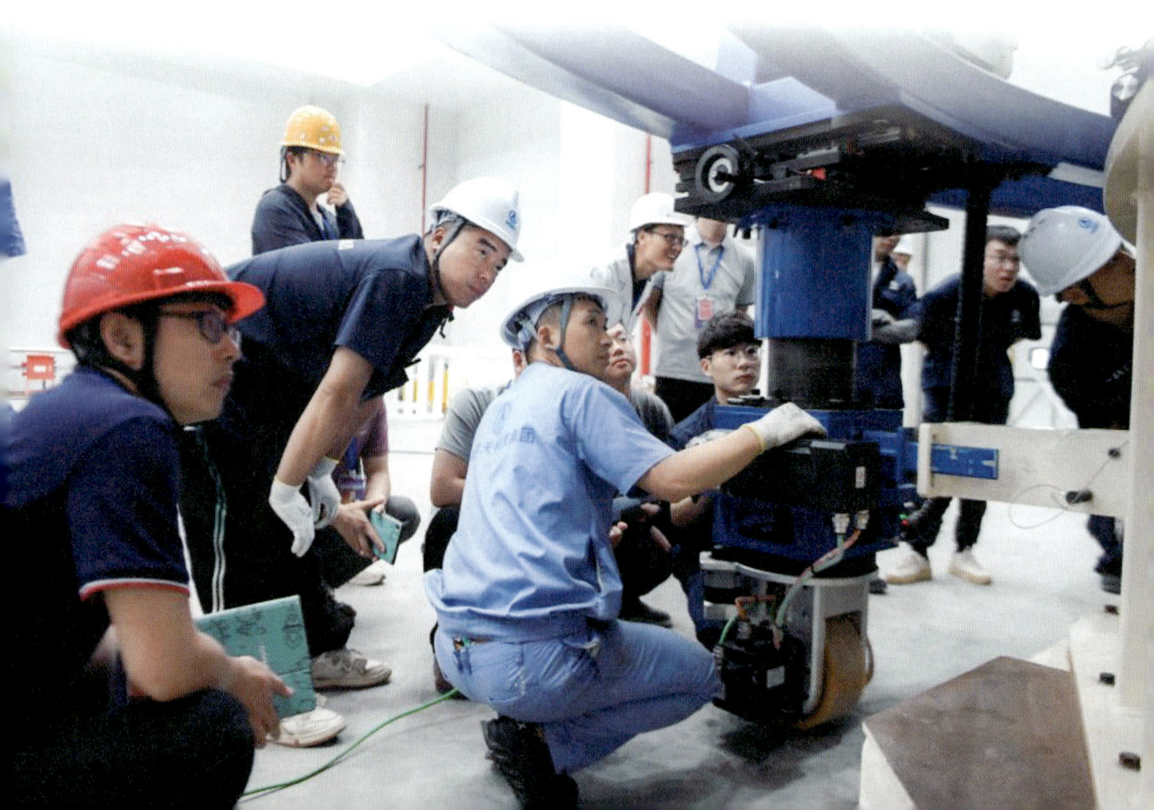

长征十二号的“新”不仅刻在内在基因里，更是体现在火箭的“钢筋铁骨”中。火箭贮箱的材料就好比运动员的筋骨，既要筋骨“硬朗”，还要“身轻如燕”，这样才能有效提升运载火箭的运载能力。该团队成功研制了国内首个铝锂合金贮箱，可实现二级贮箱主结构减重近 30%，整体结构减重 15% 左右，并相继突破了面向 2195 铝锂合金贮箱的整体结构优化设计、成形、焊接等关键技术，成为国内首型应用 2195 铝锂合金贮箱的运载火箭。

探苍穹、傲九天，他们是商业航天新赛道的“国家队”，他们是发展新质生产力的“急先锋”，他们向新而行、向上生长、向高攀登，他们继续在加快航天强国建设的道路上步履铿锵、坚定前行！

探索深空　逐梦航天

上海航天电子公司软件设计团队，来自中国航天电子技术研究院上海航天电子有限公司，团队成员共20人，其中青年占90%，主要从事深空测控通信等领域的软件设计工作，先后参与了探月工程、火星探测、近地小行星探测等多项国家重大工程任务。

深空探测，不仅代表着对遥远世界的探索，更承载着对生命起源、宇宙奥秘的不懈追求。团队紧密围绕国家战略需求，经过多年创新攻关，突破了传统测控技术的瓶颈，实现了深空恶劣环境下的高灵敏度、大动态空间测控通信。可以说，正因为有了深空通信这根永不断裂的“风筝线”，航天器这只“风筝”才能飞得又高又远又稳。

迎难而上，让“风筝”飞得更远

2016年，火星探测任务立项，标志着我国向距离更远、通信环境更恶劣的深空领域进军。

在这场充满挑战的星际探索之旅中，深空应答机搭建起天问一号与地球之间唯一的通信链路，其性能和运行状态将直接影响整个任务的成败。当天

团队合影

问一号身处距地球 4 亿千米之遥的浩瀚宇宙中时，发回的信号是极其微弱的，仿若夜空中若隐若现的烛火。传统的测控方案此时就显得力不从心，地面测控站原有的“风筝线”长度已接近极限。

不断延长“风筝线”，让“风筝”飞得更远，这一艰巨的任务落在了这支敢想敢拼敢干的青年团队身上。他们对标严苛的任务要求，锚定目标、心无旁骛，开始协同攻坚。方案存在缺陷，那就优化调整；测试结果不佳，那就边改边试。一路上，团队成立了青年突击队，开展了数次头脑风暴，进行了多轮迭代改进，能想的方法都想了，就是没有想过放弃。经过数不清的通宵达旦，团队终于攻克了极高灵敏度载波捕获和追踪技术，实现了航天器在极端条件下在轨自主通信，让高灵敏度深空通信成为现实，延长了天问一号与地球之间的“风筝线”，助力天问一号飞向茫茫宇宙。

再闯难关，让“风筝”飞得更稳

深空测控通信，光捕捉到信号还不够，还要捕得稳、捕得准。然而，亿千米级的深空距离及恶劣的空间环境对信号的削弱、干扰降低了信号捕捉的稳定性，“风筝线”时刻面临着断裂的风险。

为了让“风筝线”更加坚固，需要解决多普勒范围和多普勒变化率的适应性问题。团队汲取先进技术方案反复论证，提出了极具创新性的双捕策略，采用 FFT 辅助捕获和三阶锁相环路跟踪方案，能第一时间精准锁定信号，使应答机在复杂的深空环境下依然可以高稳定承载数据交互，保障深空探测通信始终畅通无阻。

在技术攻关的关键阶段，疫情却如一场风暴不期而至。往昔畅通无阻的交流协作被迫转至线上，开展试验测试困难重重。为了确保深空应答机关键技术攻关计划稳步推进，团队青年开始驻扎公司集中办公。在堆满项目资料和行军床的办公室临时“宿营地”里，时常看到他们激烈研讨方案、埋头调试代码、反复核验数据的身影。当团队首次在极端环境模拟测试试验中精准锁定应答信号，成功实现稳定通信的那一刻，久违的欢呼在压抑了许久的团队中爆发出来。

2021 年，天问一号成功着陆火星，在我国深空探测历史上竖起了一座里程碑。在这技术革新的战场上，团队实现了多项意义非凡的“首飞”。团队的青年骨干们作为亲历者，收获的不仅是技术的提升，更是满满的精神力量，这些经历如同闪耀的勋章，极大增强了团队后续勇挑重担、承接更多高难度

团队讨论深空测控通信方案

深空探测任务的信心和底气。

积累经验，勇毅前行

2021 年，中国小天体探测任务进入工程研制阶段，目标直指对近地小行星的绕飞探测。相较于天问一号，此次任务如同在高峰之上再攀新巅，各项指标要求全面跃升。

在深空测距这片新的“荆棘地”，以往的技术远无法满足新的工程需要。团队成员果敢无畏、直面全新挑战，毫不犹豫投身于深空应答机通信软件和监控软件论证与研制工作的新战场。为了保证地面测控站对航天器的全飞行阶段控制，团队着眼于再生伪码测距这一新兴的深空测控技术，精准把控航天器与近地小行星间的距离、位置关系，助力探测任务圆满执行，也为后续的火星采样计划提供了技术验证。

团队自成立以来，参与了多项深空探测国家重大工程任务，他们在每一个平凡的日子里用行动诠释着责任与担当，用坚持书写着不平凡的青春。在他们身上，我们看到了航天人实现航天梦的斗志和信念，看到了太空探索的无限希望和可能。每一次对太空的叩问，都是下一次探索的开始。新的征程，新的“天问”，深空探索永不止步，逐梦宇宙再谱新篇。

技术难题集智攻关

CZ-8

青创出新　突破前沿技术

核心技术是国之重器，最关键最核心的技术要立足自主创新、自立自强。

群体默契　心有灵犀

群体智能默契协同青年创新团队，来自中国航天科技创新研究院先进智能算法与基础中心，团队成员共27人，其中青年占77.7%，主要从事分布式协同与群体智能关键技术研究，参与了某集群默契协同重点项目攻关与飞行验证，成果入选2024年某智能成果推荐清单，曾获集团公司科技创新团队等荣誉。

伟大事业始于梦想，基于创新，成于实干。在航天群体智能发展的道路上，他们凭借青年人灵活敏锐的思维、敢于实践的魄力、勇担重任的决心，不断探索智能自主决策的能力边界，挑战通信受限条件下自主协同决策的“天方夜谭”，提出颠覆性的解决方案并辅以验证，书写了航天智能科技创新的精彩篇章。

捕捉灵感，点燃创新火花

团队长期从事群体间的智能协同技术研究，偶然的一次机会，他们发现，在足球赛场上，球员间不需要过多交流，通过一个眼神、一个手势就可以实现默契的传球配合；自然界中蚁群、狼群、鲸群也是如此。真正的协同或许

团队合影

不仅源于言语的交流，更在于心灵的契合与默契的形成。基于这个从自然界生物群体间默契配合中汲取的灵感，团队提出，这种基于其他智能体行动预测的默契协同作用机制，或许也可以应用于航天飞行器群，为航天飞行器群提供“心灵感应”。

同时，为了给这种“心灵感应”赋予“大脑”，团队还创新性地提出了一种适用于航天分布式单元的感知决策通信一体化通用架构，这一架构如同一个灵活的指挥官，可以根据实际需求随时接入航天飞行器的控制回路，为它们提供最合适的任务控制方案。

有了金点子，就要付诸实践。说干就干，团队迅速成立了专项小组，集群默契协同技术攻关就此全面开展。

咬定青山，开展技术攻关

通信受限条件下实现不同个体间的“心有灵犀”，人类尚不能完美做到，

团队成员就默契协同核心技术开展调研

更何况机械体。面对看似无解的条件约束、并无先例的技术设计、难以预判的应用效果，团队成员没有退缩，反而激起了更强的斗志。

为了确保“问题不过夜”，团队成员们在试飞基地和后方办公室之间建立了高效的协同办公机制，确保试飞基地每一条动态和求助都能得到大本营的回馈和帮助。在这条沟通桥梁的帮助下，团队成功破解不完全信息多维度展现等一个又一个技术难题，将“不可能”拆解为“很难”，最后一一击破。这些成就的背后，是无数次的尝试与失败，是无数次深夜里的思考与讨论，是疑惑、迷茫、自我怀疑，也是每一次算法跑通、每一次仿真成功、每一架试验机落地后的欢喜、激动与自豪。

更令人振奋的是，在此期间，团队摸索出了一套全新的攻关模式——从算法设计、训练、集成到仿真验证，再到实物验证，每一个环节都紧密相连，形成完整闭环。这不仅仅是一次技术上的飞跃，更是对“算法—软件—样机”全链条贯通的一次成功实践，为未来的算法设计、数字仿真、半实物仿真乃至飞行演示验证提供了坚实的流程与模式保障。

携手齐心，构建默契阵线

在技术实现的基础上，为了保证应用效果与能力，必须开展实际飞行试验，验证前沿技术的可行性及可靠性。群体智能默契协同飞行试验涉及新技术应用多、技术攻关任务重、试验工况复杂程度高、质量控制难度大，需要高度集中的精神状态与严丝合缝的团队配合。

10 月的靖边机场寒风凛冽，为了赶上飞行窗口，队员们每天早上 6 点就要顶着寒风摸黑开展试验，一直工作到晚上 11 点，抬机出库、靶场布标、系统调度、数据监测……正是这样一次又一次的辛勤付出，团队先后攻克半实物仿真系统设计、机载雷达轻小型化设计、多雷达防干涉等多项关键技术难题。默契协同，不仅体现在算法与技术上，更体现在团队每个人心里和行动上。

面对时间紧、任务重、质量要求高的巨大压力，历时 2 个多月，团队成功完成外场飞行试验 100+ 架次的试验验证，有力保障了项目验收。2023 年 11 月 3 日上午 8 时 10 分，团队在陕西榆林靖边试验场顺利完成群体智能默契协同飞行试验，试验过程中各系统工作正常、性能优异，团队调度自如、严谨有序，得到用户及专家的一致认可与好评。

群体智能默契协同技术攻关及飞行试验任务的圆满成功，是人工智能技术在航天领域深度应用的重要体现，更是青年创新力量在战略前沿技术中担当重任的生动例证。面对时代浪潮与科技变革，群体智能默契协同青年创新团队将保持开放求新、跨界融合的心态，勇于探索、不畏失败的信念，脚踏实地、坚韧不拔的精神，贡献更多、更好、更优的航天智能技术方案和航天智慧。

试验进行中，全员进入工作状态

勇闯新质创新“无人区”

樊娇蓉，1986年8月生，来自中国运载火箭技术研究院战术部，主要从事战术领域预研创新研究，参与多项前沿课题研究任务，曾获院科技进步奖一等奖、院青年拔尖人才、院巾帼建功标兵、战术部优秀创新个人等荣誉。

从中国科学院的三尺讲台到航天事业的科研一线，从型号工程研制到预研创新高地，作为航天新领域技术研究团队的开拓者，樊娇蓉博士胸怀航天强国梦想，勇闯新质载荷“无人区”，为赋能战术装备新质战斗力作出开创性工作，牵引孵化出了以新质飞行器为代表的多个重大预研项目。

精钻细研谋发展

从北大博士毕业，到中国科学院执教，丰富的科研经历使樊娇蓉具备了多学科知识背景和扎实的理论功底，培养了她真抓实干、勇于创新的工作作风。“在最接近需求的地方从事前沿技术研究和工程实践”，这是她加入战术部时立下的工作目标，她的航天职业生涯几乎与某新质飞行器项目同时起步。

这是一个新域发展方向，在设计载荷研制方案阶段，团队遇到了前所未有的难题，专项控制技术研究要实现的是真正“从0到1”的突破。从接手这个项目起，樊娇蓉就开启了“超常”工作模式，每研究一项技术问题，都通过多种渠道广泛搜集已有资料，缜密考校、精深分析，从以往可供参考的试验数据考证分析入手，博于征引而慎下论断。

樊娇蓉

结合实验数据和科学论证，樊娇蓉创新提出了新的设计方法，深入调研国内从事该系统开发研究与应用领域的主要力量，牵头组建联合论证和攻关团队，制定了基础理论—关键技术—设备研制—工程示范的总体技术路线。

千锤百炼下苦功

载荷系统堪称新质飞行器工程的“心脏”，樊娇蓉把新质载荷技术“无人区”的开拓视为青年工程师的担当，她力促多学科专家组成了一支集智攻关团队，历

工作中的樊娇蓉

时半年运用理论和大规模数值模拟，在前沿科学问题上取得显著成果。

“基础理论研究成果为载荷系统设计提供了设计依据，是新质飞行器总体研究的一座分水岭。”她带领着研制团队开展了国内外鲜有人为的摸底验证试验，深入试验平台施工现场，跟踪分析设备关键部件，研究工作原理及设计制造关键点；经常与一线技术专家交流多种类技术问题，从核心单机的成型工艺、工质装配、能量匹配优化等多方面进行个性化设计。在原理样机研制过程中，持续不断地产生阶段成果、投入产品调试。在这样紧凑、务实、高效的节奏下，设计图纸越摞越厚，问题清单越改越薄，核心技术研究自上而下、由粗及细、小步试错、逐渐迭代。

“原理验证试验通常面临众多干扰因素，唯有建立清晰的物理图像，严密细实，抓住主要矛盾，方能拨云见日，识别并解决试验故障。”樊娇蓉表

交流技术问题

示，探索新领域离不开广阔的创新思维与扎实的领域基础，设计好、落实好、分析好试验才能让理论落地，更有力地推动新质战斗力的生成。

辛勤耕耘结硕果

党的二十大以来，创新机制不断优化，创新方向进一步聚焦，在充分“容错”的氛围下，从事创新技术攻关的科研人员能够凝心聚力，锚定长期目标，不必背负“必胜”的包袱，不拘泥短期目标考核。

樊娇蓉谈道，“从研究进展来看，只要是经过科学论证、需要加快突破的重点方向，国家都会持续给予大力支持，保证项目有延续、经费有保障，鼓励青年科研人员能干事、干成事，充分激发一线青年设计师的创新潜能！”

静水流深，心无旁骛。在创新机制驱动下，樊娇蓉不计较一时成败，在创新“无人区”勇往直前，遇到挫折就及时调整技术路线。在“轻装上阵”心态下，结合产学研用一体化机制的优势，樊娇蓉不仅推动了新质飞行器的立项与研制，而且接连拿下多个重点预研创新课题，推动领域不断拓展，实现关键核心技术自主可控，促进创新链与装备生产力深度转化融合。成功背后是研制团队几年的艰苦努力，樊娇蓉更是付出了远超常人想象的艰辛与汗水。

在樊娇蓉心里，创新之路没有终点，需要不断地“想人未想，做人未做”，不断在前进中学习，在学习中前进。在新领域探索的道路上，每一点小的技术突破都是鼓励与鞭策，持之以恒便可聚少成多，攻坚克难。

智能赋能　唱响自主创新的勇者之歌

猎鹰团队，来自中国运载火箭技术研究院临空部，团队成员共15人，其中青年占80%，团队平均年龄30岁，主要从事人工智能设计与验证研究，多次完成重大飞行试验关重部件搜寻任务，荣获“智箭火眼”大赛全国院所第一名、第三届“思源杯”全国智能控制大赛冠军、第十一届中国创新创业大赛优胜奖、集团公司青年博士联盟创新创意创想汇萌芽奖第一名。

猎鹰团队是一支以“守正创新，知行合一”为价值理念的科研创新团队，起源于智能、数字、仿真先进成果，以数据算法模型为核心，由人工智能设计与验证专业牵头，是多专业跨部门交叉学科联合创新团队，在型号预研工作中打下多项扎实的应用示范。团队瞄准未来临近空间飞行器，积极布局人工智能关键技术，围绕智能辅助设计、具身智能飞行器、体系应用赋能三个重点方向，完成临近空间飞行器智能技术发展布局；同时积极履行社会责任，辐射带动形成广泛影响力。

“开发临近空间、拓展人类文明。”创新精神是我国航天事业发展壮大的基因与法宝，航天青年站在巨人的肩膀上，肩负着自主创新、不断突破的使命，要持续奔跑、勇攀高峰。在航天精神的指引下，临空部就有这么一批挖掘全新设计理念、不断创新突破的青年团队。猎鹰团队便是其中之一。

团队合影

守正创新，追求极致

自力更生、艰苦奋斗是他们坚守的航天底色，自主创新、追求极致是他们秉承的科研信仰。他们在大漠孤烟中搜寻残骸获取宝贵试验数据，他们用人工智能算法为颠覆性原理试验走通最后一厘米。

团队将先进机器视觉技术与无人机技术创新融合，开创了航天飞行试验智能搜寻新模式，彻底解决了在飞行试验后人工搜寻关重部件可达性差、效率低下、危险性高的问题。11 次挑战无人区，11 战 11 捷，搜寻面积超过上千平方千米，他们经历了数据从无到有，经历了核心算法由有变优，一次次历练，练就了能够从大海中捞针的“鹰眼”，为国家重大飞行试验找回了各类大大小小的关重部件，以顶尖技术守护来之不易的飞行试验数据成果，为重大型号后续设计优化提供了关键依据。

团队成员在活动中展现风采

格物致知，知行合一

他们以“格物致知”的精神，深入探究事物的本质；用“知行合一”的实际行动，诠释了航天人的执着坚韧。在某次重大型号提前勘场中，团队通过无人机传回图像发现一处疑似目标物体。队员们驱车数十千米前往，并开展地毯式搜索，突然天色骤变，扬起了巨大沙尘，天空都变成了暗黄色，戈壁上的石头被狂风卷起不断拍打在脸上，能见度骤降到不足十米，队员们赶紧通过对讲机让彼此保持安全可视距离，顶着沙尘继续前进……在队员们的坚持下，终于找到了，果然是个假目标。通过分析和攻关，团队新增加了假目标过滤模块，并且通过在方案中增加拍摄角度，解决了这类误检测问题。

勇担先锋，赋能未来

他们代表集团公司参加了世界级、国家级等各类展会，他们在国家级大赛中获奖无数，他们勇担预研创新市场开拓先锋，在多个渠道开展完成 9 个创新项目，累计获得 1200 万元以上的经费支持，牵引带动形成人工智能交叉学科创新攻关团队。

团队成员参加2024年集团公司青年博士联盟创新创意创想汇

作为新质生产力的坚定践行者，团队始终引领智能技术前沿，在临近空间科技发展论坛中积极承办智能分论坛，牵引国内人工智能领域 40 多家研究机构开展技术合作，并在人工智能交叉学科医工融合领域不断开拓。

科技兴则装备兴，科技强则国家强。相信随着越来越多有理想、肯奋斗的火箭青年凝聚在一起，敢想敢干敢做，坚定不移履行强军首责，勇担发展先进武器装备的使命责任，定能以更开阔的视野，更具创新性的思维，为我国建设世界一流军队、建设航天强国贡献出绚烂的青春力量。

猎鹰团队集体研讨攻关

矢志不渝　发展航天先进制造技术

李权，1988年2月生，来自中国运载火箭技术研究院首都航天机械有限公司，清华大学博士毕业后，一直奋斗在航天装备制造一线，开展火箭装备关键构件焊接及增材制造技术研究与应用工作，入选国家高层次人才计划青年拔尖人才、中国科协第五届青年人才托举工程、北京市科技新星计划创新新星，获得机械工业科技进步奖一等奖、国防科技进步奖二等奖、集团公司十大技术突破等荣誉。

李权从清华大学博士毕业后，一直奋斗在航天制造一线，至今已近10年。他善于发挥自己所长，从工程难题中提炼科学问题，开展应用基础研究，建立了“直流氦弧熔透＋变极性氩弧摆动盖面”复合焊接新技术调控接头力学性能的新原理，解决了火箭贮箱焊接性能损失大难题，已广泛应用于新一代运载火箭研制。他从零开始不惧困难，建立了航天高强铝合金电弧增材制造“材料-工艺-装备-标准”技术体系，助力火箭发射“一键加速”，该技术荣获集团公司2022年度十大技术突破等荣誉。

发挥所长，助力解决型号研制工程难题

贮箱越大，火箭的运载能力就越大。贮箱既作为压力容器贮存推进剂，又是火箭承力的“脊梁”。焊接是核心制造技术。传统弧焊工艺下，高强铝合金贮箱焊接性能损失大、缺陷多、需要多次补焊，成为型号研制的瓶颈难题。

在清华大学读博期间的李权，就将这一难题作为主攻方向。从工程难题到科学问题，他用“解剖麻雀”的方法选取个体深入剖析，分析问题背后的科学机理。来到型号研制一线，他的理论研究有了用武之地，科学与工程在此交汇碰撞出新的火花。

李权

从工程难题中提炼科学问题，开展应用基础研究，这正是李权所擅长的领域。围绕火箭贮箱高强铝铜合金、铝锂合金焊接难题，他先后参与了 2 项国家自然科学基金联合基金集成项目研究，并将理论研究成果应用于型号研制生产，获机械工业科技进步奖一等奖。

从零起步，攻克火箭零件快速制造技术

初出茅庐的李权很幸运地赶上了中国航天快速发展的机遇。火箭发射次数翻番，新型航天装备层出不穷。航天装备的零件具有批量小、品种多

的特点。高密度发射带来的快速研制需求愈加迫切，制造技术的变革迫在眉睫。

高强铝合金是航天领域应用最为广泛的材料之一，也是公认的焊接难度极大的一种材料。用电弧堆焊方法制造出高强铝合金零件简直是难上加难。彼时，一种新的制造技术从国外传入，高效率、低成本的电弧增材制造技术在公司里备受期待。核心技术不能靠等，更不能靠要。首都航天机械有限公司成立了一支攻关团队，李权作为骨干人员主动担当，在没有装备、没有工艺、没有标准的情况下，从零起步开始研究。他提出了材料成分控制原则，开发出了高强铝合金专用工艺，与团队一同研制出了系列电弧增材装备。

“快速响应，快速研制，低成本制造”，这一研发航天运载装备的理想目标也在李权与团队日夜不懈的奋斗中，逐渐成为触手可及的现实。

调试设备运行程序

在生产一线指导电弧增材制造产品研制

“立大志、入主流，上大舞台、成大事业”

“立大志、入主流，上大舞台、成大事业”是时代对于青年的要求，更是航天青年的责任与担当。来到工作岗位的李权，与身边志同道合的伙伴一同投入航天强国的建设中，紧密围绕新一代航天装备研制急需，攻克新技术在型号应用中的重重难关，支撑了多型航天装备的成功研制。他先后入选了中国科协青年人才托举工程、北京市科技新星创新新星、国家高层次人才计划青年拔尖人才，用行动诠释着航天青年爱国奉献的使命担当。

不负嘱托、奋楫笃行。“投身于伟大的工程中，自己也有着极大的成就感。”带着这份成就感，他不断拓展新的研究领域，持续推动航天先进制造技术发展。时至今日，李权仍未停下脚步，他期待着在两个一百年的历史交汇点和追逐“建设航天强国”梦想的道路上“助力实现更加宏伟的航天工程”。

远航星海　以青春之力助“长征”行稳致远

运载火箭故障诊断与容错重构总体技术攻关团队，来自中国运载火箭技术研究院第一设计部，团队成员共25人，35周岁以下青年占65%，全部为硕士以上学历，其中博士16人（含博士后2人），专业涵盖型号总体、弹道、制导、控制、动力、仿真总体等，1人入选北京市科协青年人才托举工程，2人获集团公司青年拔尖人才，3人获一院青年拔尖人才，团队累计获得技术奖项26项，专利13项，软件著作权5项，形成原理样机2套。

运载火箭故障诊断与容错重构总体技术攻关团队，立足“智能飞行”“重复使用”两大领域，以不断提升火箭智能化水平为目标，深耕运载火箭人工智能技术体系构建、智能化发展路径研究和重复使用技术工程应用，从本质提升“长征”系列火箭可靠性，助力载人登月等国家重大航天工程顺利实施，加快推进航天强国建设。

发展故障诊断与容错重构技术是实现运载火箭智能飞行、全面提升任务可靠性与安全性的重要途径。在我国载人月球探测工程研制中，工程总体明确提出新一代载人运载火箭（长征十号系列火箭）须具备对典型故障的主动适应与处置能力。为实现载人月球探测工程对新一代载人运载火箭系统“高

团队合影

可靠、高安全”的任务要求，项目团队联合多专业开展故障诊断与容错重构总体技术攻关，通过技术手段主动适应飞行中典型故障，以最小的设计代价增强火箭故障适应性，实现了从参数采集、融合故障诊断到任务决策与天地协同处置的全功能闭环。

青春智慧——他山之石，可以攻玉

智能飞行和重复使用技术的发展是一个巨大的挑战，也是一个千载难逢的机遇。面对全新的挑战和机遇，摆在团队面前的首要问题是液体运载火箭要实现对典型故障的主动适应与处置，这样的系统应该具备哪些总体功能？面对这一难题，团队凝聚青春智慧和专家经验，从汽车的自动驾驶、航空器的飞行轨迹在线规划等领域调研入手，发现一个系统要具备策略在线调整能力，必须从参数采集到执行输出全过程进行大量的信息智能化融合与处理。在汽车、航空器和船舶领域应用中都有一个“观测（O）—定位（O）—决策（D）—执行（A）”的共性过程，因此团队针对运载火箭的具体特点，以“OODA”过程为线索，大胆创新，总结出适用于运载火箭的“信息采集融合—故障诊断—任务在线规划—系统重构”故障诊断与处置过程。

新一代载人运载火箭复杂度高，箭上设备多，测试状态多，信息量大，且相比长征二号 F，在逃逸类故障模式基础上增加了重构类故障模式，若由全箭统一进行故障模式诊断和处理，对通信和计算资源的要求较高，且处置效率无法保证。由全箭故障诊断与处置模块集中负责分系统无法独立诊断或处置的全箭级故障模式，由分系统或单机负责处置系统或单机内不影响全箭正常工作的故障模式，形成“分布-集中”式诊断架构，能够保证故障诊断和处置的顺利实施。在进行总体技术架构设计时，攻关团队拜访了各个领域的技术专家，足迹踏遍了火箭设计师的办公室，各个成员的邮箱满了又清，清了

工作现场

又满，最终在一次次研究交流讨论碰撞中完成了故障诊断和任务重规划的总体技术架构。

青春力量——敢为人先、锐意突破

为了对技术架构进行验证，团队集中力量，重点开发“扁鹊”故障诊断系统原理样机。项目启动后，团队成员们根据专业分成了三个“突击小队”，开始了紧张的研发工作。“突击一小队”负责硬件设计，他们夜以继日地工作，设计出了高性能的 VPX 模块。“突击二小队”专注于软件开发，编写了高效的算法，确保系统能够快速准确地进行故障诊断。“突击三小队”负责系统集成，一丝不苟地测试每一个模块，确保系统的稳定性和可靠性。通过紧密协同和及时沟通，最终实现了“收遥测 + 故障诊断 + 任务重规划 + 结果发送”等核心功能，并在该系统上完成了上百个故障案例的处置仿真，为系统在真实任务剖面中的故障处置策略制定奠定了坚实基础。系统于 2024 年年底搭载长征五号 B 遥六任务实现首次全功能飞行试验验证。

专注调试样机

奋斗是青春最亮丽的底色，行动是青年最有力的注脚。攻关团队以青春之自我发挥青春之力量，牢记总书记的嘱托和初心使命，让青春之花绽放在祖国最需要的地方，在实现中国梦、航天梦的伟大实践中书写别样精彩的人生。

“焊”卫大国重器 矢志创新攻坚

新一代运载火箭贮箱搅拌摩擦焊团队，来自中国运载火箭技术研究院首都航天机械有限公司，团队成员共17人，35周岁以下青年占94%，主要承担长征五号等新一代运载火箭及载人登月运载火箭的贮箱搅拌焊接任务，有力支撑了火星探测、载人登月、空间站建设等国家重大工程的实施落地，曾获全国工人先锋号、天津市工人先锋号、天津市QC成果二等奖、天津经开区十佳金牌团队等荣誉。

这是一支平均年龄只有29岁的团队，承担着我国新一代运载火箭及载人登月运载火箭贮箱搅拌摩擦焊接生产和研制任务。团队以“开拓进取，匠心铸箭”为使命，连续突破薄壁结构火箭贮箱搅拌摩擦焊接多项技术瓶颈，实现关键核心技术自主可控，累计完成持续改进项目300余项，申报专利20余项，有力支撑了火星探测、载人登月、空间站建设等一系列重大工程实施，这就是新一代运载火箭贮箱搅拌摩擦焊团队。

激情奋斗，匠心筑梦

光荣并非唾手可得，拼搏和奉献才能浇灌出如今的硕果。

团队合影

2014 年，7 个 20 岁出头的小伙子组成搅拌摩擦焊技能团队，人员新、经验少、技术不熟练，设备也同跟产学习阶段的不一样，一切都要重新摸索。但是当时贮箱壳段纵缝焊接任务已排产，同时还要开展箱底的搅拌摩擦焊接试验，7 个人以不服输的精神誓要啃下这块“硬骨头”。

青年岗位能手张睿博说：“能参与到航天强国的建设中，对我们每个人来说是崇高的荣誉，大家想的都是怎么解决问题，让自己的技能快点提升，不要成为团队的短板，不会计较个人得失。”有时，因为一条焊缝不合格，所有人都自动忽略下班时间，聚在一起一次次试验，失败了就总结经验、分析数据、从头再来，直到焊缝各项数据全部达标。

团队在发展过程中，以“精工重技，航天报国”为初心，探索技术，传承匠心，梳理出 42 项专业技能项目，累计汇编技能示范教材 50 余份。团队成员“人人能当多面手，个个都是特种兵”，人均具备 4 项以上主岗资质，搅拌摩擦焊接班组一次架上焊接合格率能达到 99.2%。

使命在肩　无限光荣

为了进一步提升新一代运载火箭运载能力，实现运载火箭主体材料的升级换代，团队受命研制全国首件铝锂合金贮箱。

铝锂合金质量更轻，但材料较软、可焊性差，行业内没有相关经验可参考，团队全体成员以“功成不必在我，功成必定有我”的信念投入铝锂合金贮箱搅拌摩擦焊攻关研制中。贮箱试验件焊接完成后，检测发现一条焊缝内部存在缺陷。产品下架后，需要将配合搅拌摩擦焊接所必需的内撑杆系重新装配，才能进行补焊。队长孟占兴二话不说，带领另外两名党员和两名团员青年从人孔法兰钻进贮箱内部。

受贮箱结构限制，内撑杆系轴芯安装完成后，5 个人只能待在贮箱内部，只有等全套支撑杆系拆卸后才能出去。34 个小时里，5 个人只吃了几块压缩

队长孟占兴正在调校设备

饼干，在狭小的贮箱内反复搬运、拼接；补焊时，5个人还得在里面随着贮箱慢慢转动。当时还是实习生的氩弧焊工左加成在外面辅助补焊，他说这是他印象最深的一课。“成功的那一刻，我对这些老员工真的特别敬佩，原来只是觉得进航天企业挺高大上的，但是那一次我是真切地感到了航天强国的责任和无限光荣的使命。”

“当时外面下大雪呢，我们5个人穿着短袖在里面全都出了一身汗”，孟占兴笑呵呵地说，“但是特别值得。通过我们的摸索总结，铝锂合金贮箱搅拌摩擦焊接焊缝强度提升了30%左右。我们的拼搏，能够推动国家航天事业前进，这就是我们最大的荣誉。”

生逢其时　挺膺担当

从2014年到2024年，从7人“起家”发展到现今17名队员，从仅能进行壳段纵缝搅拌摩擦焊接到贮箱各部段焊缝的全搅拌摩擦焊接，从1个月仅能加工十余件到现在每年完成500余件，新一代运载火箭贮箱搅拌摩擦焊团队以搅拌焊接技术引领我国运载火箭贮箱升级换代，持续刷新我国新一代运载火箭贮箱的研制及批产能力。

团队以“精工重技、航天报国”为初心，围绕批产和新研型号双向开展创新攻关，先后突破壳段纵缝浮动式双轴肩搅拌摩擦焊、箱底高效精准装配及原位铣焊一体化技术等10余项贮箱搅拌摩擦焊专业技术瓶颈。面对载人登月工程研制任务关键期，团队成员挺膺再出发，毅然承担起37米超长大厚度共底贮箱箱体环缝立式装配焊接技术攻关任务。经历10个月的攻坚克难，团队已突破超长大厚度筒段一体化装配搅拌摩擦焊接，超长贮箱立式装配、焊接、检测全流程方案的制定及测试等技术，为新一代载人运载火箭研制、载人登月工程任务实施提供了强有力的保障。

团队成员正在进行搅拌摩擦焊作业

唯有时代不可负，唯有使命不可忘。新的时代赋予新的机遇和挑战，团队始终牢牢把握航天强国建设发展机遇，围绕“啃不动的硬骨头”，大胆开展创新攻关。以关键变革、技术突破引领我国新一代运载火箭贮箱的生产研制工作，同时以强烈的使命感和责任感，不断练就新本领，激发新活力，在推进中国式现代化建设进程中充分发挥主力军作用，奋力谱写航天事业发展的新篇章。

十年攻坚　擦亮航天固体动力高光时刻

刘长猛，1986年9月生，来自航天动力技术研究院西安航天动力技术研究所，工作以来主要从事固体发动机设计研究工作，参加了多项重大型号及预先研究任务，包括多个重点型号发动机研制及竞标、安全性专项、低温专项等重大关键技术攻关。先后获得国防科技进步奖一等奖1项、二等奖1项，集团公司科技进步奖一等奖2项，集团公司航天突出贡献奖和青年拔尖人才，陕西省青年五四奖章，陕西省国防科技工业劳动模范，陕西省国防科技工业十大杰出青年等荣誉。

作为一名长期奋战在一线的科研人员，“热爱航天，报效祖国”一直以来是刘长猛的人生理想。他严谨务实，勇于挑战，不断为我国航天事业发展添砖加瓦。在型号研制中他善于开拓创新，提出一些从未有过的设计方案、解决方法，为型号研制任务的完成作出了突出贡献。

灵活创新，突破仿真难题

随着国际形势动荡，国防领域对武器装备实战化的要求日益提高，某新型重大项目发动机提出了低温使用环境，前所未有的低温及非均匀分布的温度场

查阅文献资料，寻找解决难题的最优设计方案

使项目研制面临极大困难。为实现发动机低温环境适应性，刘长猛组织研制团队进行反复推敲验证，确定了一套“真假”仿真方案，通过内埋温度测点假药发动机的飞行试验测试与仿真对比，获得真药发动机的实际工作温度。

如何在假药发动机中安装温度传感器、如何布置温度测点更具代表性、如何确定飞行工况与仿真条件的一致等问题摆在面前，通过大量仿真计算、分析对比和查阅文献，这些问题一一被解决，这也是所里首次开展假药挂飞试验，首次在假药发动机中安装测点，首次测量药柱温度分布。

通过采取的这些灵活措施以及细节的创新，使宽温域下预示精度提高了约 2%，研制团队终于实现了“真假”仿真方案，有效推动了发动机低温适应性设计的技术进步，为型号的首飞成功奠定了坚实的基础。

坚持不懈，攻关挂载技术

在某型号攻关立项期间，独特的吊挂结构形式成为该项目竞标的“杀手锏”。发动机的吊挂结构需要承载全系统的质量，还要满足各种使用工况的载荷和高精度的安装要求。刘长猛带领团队一边不断与总体进行协调，确定吊挂的使用环境，一边对吊挂结构开展摸边探底的极限载荷试验，确认吊挂的使用安全裕度。吊挂的载荷试验工况多、时间长，为了做到极限往往要逐

加班审核校对发动机设计图纸，从各设计细节出发考虑设计合理性

步提升载荷量级，而且每一步加载完成后需对吊挂的变形、位移等试验数据进行细致分析和确认工作。

为提高试验效率，刘长猛创新性提出了一种多吊挂组合载荷试验方法，在一个试验件上安装多个吊挂结构，通过计算给不同位置的吊挂加载不同载荷，以达到同时考核多个工况的目的，同时必须准确剥离不同吊挂结构之间的影响。新方法大大缩短了研制周期，降低了研制经费，为顺利完成关键技术攻关奠定了基础。经过不断试验和迭代设计，吊挂的性能指标满足了总体要求，发动机的载荷集中问题也得到了解决，填补了院大型发动机吊挂技术的空白。

砥砺奋进，攻克堵盖难题

为提升型号产品的实用性及环境安全性，某型号总体对发动机喷管堵盖提出了打开后无任何飞出物的严苛要求，相较于传统型号是颠覆性的难题。

作为发动机总师的刘长猛迎难而上，在无任何借鉴设计的情况下，召集团队成员集思广益，拓展思路，查阅了大量资料文献，终于从类似的工业产品中找到灵感，创新性地提出了一种新型的无飞出物堵盖。设计思路定格后，

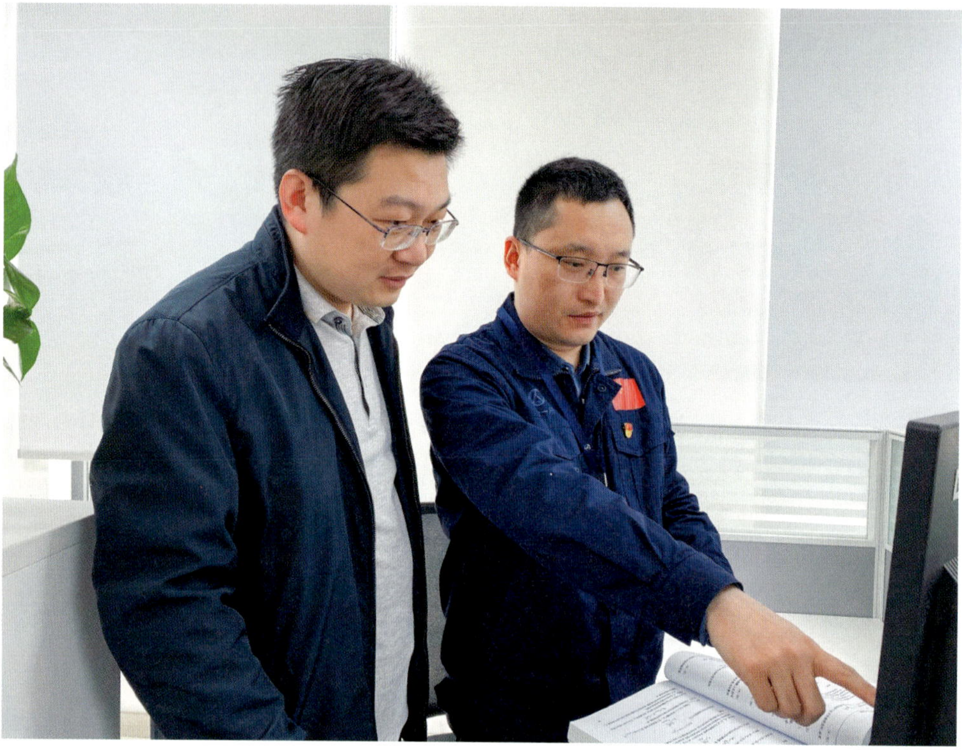

研讨发动机设计质量细节（右一）

立即协调设计和工艺联动，开展实物生产，在经历一次又一次的产品报废、试验失败、调整设计方案、再次试验的过程后，最终确定了产品的状态。

地面试验成功不代表飞行试验圆满，面对首次采用该堵盖的发动机飞行试验，刘长猛承受着巨大的心理压力，他知道这一小小的堵盖是整个飞行成功与否的关键。但型号团队每个人却拥有坚定的自信，这份自信来自对设计方案的精雕细琢，来自对试验结果的精细判读，来自对产品状态的精准把握，正是这份自信确保了飞行任务圆满成功，也正是这份自信推动了固体发动机技术的前进，创造了属于航天固体动力的高光时刻。

擎天启航　以青春之力擎起中国脊梁

王储，1990年7月生，来自中国空间技术研究院总体设计部，主要从事空间机器人技术研究与工程实践工作。作为技术负责人，完成多项航天重大工程型号任务空间机器人产品研制工作，助力我国首次火星探测任务圆满成功；支撑核心舱机械臂实现首次舱外爬行。作为班组长，提出空间机器人产品研制新模式，解决了核心产品高集成设计与国产化难题，形成系列化宇航关节产品，应用于深空探测、载人航天领域等多项重大工程任务。入选集团公司青年拔尖人才，荣获集团公司航天贡献奖、院优秀团干部、院青年岗位能手、总体设计部十佳班组长等荣誉。

发挥先锋力——红色星表上翩跹起舞

“世界上唯有两样事物能够震撼我们的心灵：一是我们内心所坚守的崇高道德法则，二是我们头顶那片璀璨夺目的星空。”正是对那遥远星空的无限憧憬和对科学技术的执着热爱，激励着王储踏上了航天事业的征途，投身空间机器人技术领域研究。他参与的第一个型号任务，是充满挑战的天问一号火星车移动系统的研制。面对火星表面崎岖不平的地形和多样化的地貌，

王储和自研轮腿机器人

如何在松软的星表土壤中脱困，如何顺利攀爬坡面，这些都是移动系统研发过程中必须克服的关键挑战。王储和团队成员在试验场布满沙砾和岩石，以模仿火星表面极端工况，基于大量试验数据分析比对，他发现不同试验工况中移动系统驱动电机参数曲线与地形地貌存在一定相关性。凭借自己的专业特长，他建立了火星车与砂石地面的刚柔耦合动力学模型，将仿真模型作为关键环节，通过试验结果修正仿真数据，提出了星壤力学特性参数辨识新方法。基于这一创新，他提出了主动悬架控制策略优化方法，成功攻克了星球车在松软星表沉陷脱困难题，脱困和爬坡能力达到国际领先水平，为我国首次火星探测任务圆满成功作出重要贡献。

激发创造力——炫舞太空擎起中国臂

王储作为空间站建造青年团队的一员，参与了空间站核心舱机械臂研制任务。作为目前同类航天产品中复杂度最高、规模最大、控制精度最高的空间智能机械系统，空间站核心舱机械臂承担了舱段转位、航天员出舱活动、舱外货物搬运等多类在轨任务。面向末端执行器对目标适配器捕获的难题，他建立了精细化动力学模型，运用碰撞理论分析捕获锁紧过程动力学行为特征，提出优化方法，优化后捕获拖动最长耗时降低 60%，提升了系统可靠性，满足机械臂在轨高频次抓取要求。末端执行器支撑核心舱机械臂实现首次舱外爬行，开创了以爬行方式拓展机械臂在空间站工作范围的国际先例。

王储讲解空间站核心舱机械臂

提升牵引力——专业笃行争乘势前行

王储所在的班组，核心业务为空间机器人驱动传动装置和精密执行机构产品研发，随着空间机器人技术的快速发展，对于驱动关节高精度感知、快响应特性和高集成实施等能力需求愈加迫切。作为班组长，他始终以全局视野引领团队发展，创新地提出“两驱 + 三能”空间机器人产品研制新模式。基于上述研制模式，他带领团队突破多项关键技术，解决了一体化关节高集成设计与国产化难题，形成空间环境自适应系列化宇航关节产品，应用于空间站、嫦娥 / 天问系列等重大航天工程任务，在关键核心技术自主可控和推动宇航产品化工作中发挥重要作用。

王储始终秉承“国家需要，我就去做”的信念，以实际行动践行习近平总书记的殷殷嘱托，以创新方法助力我国首次火星探测任务圆满成功，为建成有中国特色的现代化载人空间站再立新功，以过硬的产品不断刷新中国航天新纪录，带领团队开展空间机器人新技术、新产品开发，并积极推动其在型号中广泛应用，有力支撑我国后续深空探测等任务论证研制工作。他的工作不仅为空间机器人技术的进步和创新奠定了坚实基础，而且提升了我国空间机器人技术在国际舞台上的竞争力。他不断将个人的青年活力和智慧才干，倾注于我国航天强国建设的辉煌篇章中，为实现中华民族伟大复兴贡献自己的一份青春力量。

王储参加天问一号飞控任务

光驰电掣　智联天地

星地超高速自适应激光微波协同传输技术青年创新团队，来自中国空间技术研究院西安分院，团队成员共22人，其中青年占60%，主要从事空间激光通信与高速数传技术研究，参与了北斗三号激光星间链路建设、多颗卫星微波数传系统研制、多项国家重大预研课题研究，获国防科技进步奖一等奖、中国青年创新创业大赛金奖、陕西省创新创业大赛一等奖、集团公司科技进步奖一等奖，团队成员先后获得陕西省青年岗位能手、陕西省国防工业劳动模范、中国科协“青年人才托举工程”等荣誉。

面向我国高分遥感、北斗导航、高通量通信和深空探测等星地传输链路效能提升的迫切需求与激光微波高效协同传输的瓶颈难题，团队开展极具挑战性的星地超高速自适应激光微波协同传输技术研究，大幅度提升了激光与微波链路传输速率；国内首次提出并在轨应用了自适应可变编码调制技术，传输能力提升3倍以上；国内首次提出并在轨应用了无信标光捕获跟踪技术，实现了超6万千米激光对准与捕获跟踪；实现了星地一体化自动无缝切换和多地面站联合调度，容量和稳定性提升1个数量级。多项指标国际领先，并在我国实践二十号、北斗三号、高分七号卫星在轨应用，产生巨大效益。该团队是我国空间高速数据传输系统研制国家队，并入选2021年度集团公司科技创新团队。

团队合影

众志成城，引领世界科技前沿

对于星地高速数传场景，如何建立超高速高稳定度的激光微波混合传输链路，是一项国际难题。为了顺利完成任务，团队成员从项目伊始就通力合作，进行了细致完善的项目规划，从指标分解、方案设计、路线选择到系统设计等每一个环节都反复推敲。攻克了激光微波共孔径天线、微波光子毫米波信号生成、激光微波一体化处理等关键技术难题，实现了激光与微波的深度融合，多项成果指标处于国际领先水平。团队研究成果参加了“创青春”中国青年创新创业大赛以及陕西省创新创业大赛，并分别斩获大赛金奖和一等奖。

奋力“追光”，技术创新“排头兵”

项目团队经过多年攻关，开发了系列化、型谱化的数传产品，使我国空间高速数传水平不断突破，在通信速率等关键指标达到国际领先水平。目前，

团队参加全国和陕西省创新创效大赛并获奖

西安分院在轨激光终端共 60 余套，为国内最多。引领了从国内首次激光星间组网的北斗三号到目前激光通信大规模应用的星网、低轨遥感星座激光终端的研制工作。

空间激光通信最大难点在于超远距离上极窄波束的对准和捕获跟踪，这就好比数万千米外的针尖对麦芒。面对如此棘手的难题，研究人员潜心钻研，在现有的研究基础上查找、复现大量最新国际文献成果，花费数年时间从理论推导、模拟仿真再到试验验证，逐渐建立起一套可行的理论仿真框架与实验平台。团队最终在国内首次实现并在轨应用了无信标光捕获跟踪技术，实现了超 6 万千米激光对准与捕获跟踪。同时开展了超 3000 次在轨捕获试验，成功率 100%，达到国际领先水平。

团队成员进行激光通信系统研制和试验

智联天地，攻关技术瓶颈

团队的项目创新成果已经成功应用于我国首个高通量通信卫星实践二十号中，实现了世界在轨验证的最高传输速率。相关成果被央视朝闻天下进行报道，用户单位也给予了高度评价。成果还在我国高分七号卫星中得到应用，传回大量高价值的遥感影像。团队经过多年的不懈努力，攻克了海量数据星地超高速自适应激光微波协同传输的关键技术，成功应用到多个国家重大工程卫星项目中，技术指标优于国内外同期水平，已实现产值约 12 亿元。相关成果后续将应用于卫星互联网、高分辨率遥感、下一代导航、深空探测等空间高速数传链路，预期经济效益超 100 亿元，同时为我国国防建设与民生改善提供有力的技术支撑。

“敢想敢做有拼劲，关键时刻能战斗”是大家对项目团队成员的评价。每一个灯火通明的夜晚，每一个刺促不休的周末，每一次披星戴月的征程，都有他们逐梦星辰的身影。现在，团队成员正一起以昂扬的斗志奔跑在建设航天强国的征途上，勇闯技术“无人区”，勇破技术“天花板”，勇当创新“排头兵”，为我国空间激光通信技术发展贡献自己的力量。

以“质”致远　向“新”而行

新型电推进技术青年创新团队，来自中国空间技术研究院兰州空间技术物理研究所，团队成员共38人，其中青年占66%，主要从事空间电推进技术研究，参与了天问二号、亚太6E卫星等航天工程电推进产品研制任务，近五年获省部级科技奖励6项，先后获得全国优秀青年突击队、全国青年岗位能手、甘肃省五四奖章先进集体等多项荣誉。

事业凝聚人才，创新激发动能。新型电推进技术青年创新团队就是一支凝心聚力攻关电推进难题，战斗在技术创新一线的坚韧队伍。团队聚焦新一代电推进产品应用基础难题，提出了离子电推进工况参数优化调节矩阵、基于多维信息协同的寿命可靠性薄弱环节辨识、基于智能算法的毫秒级非线性过程特征信息挖掘等创新方法，研制了国内“最灵活”“最长寿”“最耐用”的空间电推进产品，有力保障了天问二号、亚太 6E 等航天重大工程任务顺利实施，储备了集成式射频离子电推进、宇航用高密度等离子体源等创新技术，推动空间先进动力技术持续升级换代。

团队合影

勇攀高峰，以质致远——全力攻关航天重大专项任务

离子电推进是保证小天体探测任务实施的核心技术之一，工作模式和寿命指标非常高。面对挑战，创新团队誓要啃下“硬骨头”，履行好离子电推进“登天探路，行稳致远”的使命。

团队技术讨论现场

如何保证离子电推进在所有工作模式下的效率，如何科学评估复杂动力剖面下的产品寿命，是需要重点解决的两个核心难题。团队设计并实施了6大项整机试验

和 100 余小项专项试验，提出了离子电推进工况参数优化调节矩阵，探索出满足小天体探测任务的全部工作模式；提出了基于多维信息协同的寿命可靠性薄弱环节辨识、基于短期寿命磨损试验数据的产品寿命评估新方法，将寿命评估周期缩短为原来的三分之一。

2023 年年初，创新团队将离子电推进产品性能从 3 种模式 2 万小时寿命拓展至 20 种模式 3.6 万小时寿命，有力保障了小天体探测任务顺利实施，研究成果获省部级科技奖励 2 项，团队事迹入选“全国优秀青年突击队”案例。

寻根问底，化守为攻——着力破解束流闪烁主动抑制难题

“束流闪烁成功消除，电推进恢复正常工作！”五院运管中心向创新团队传来好消息，奋战多日的团队成员们终于长舒了一口气。2024 年 6 月，离子电推进完成“最后一千米”任务，成功将我国首颗全电推进卫星——亚太 6E 送抵“工作岗位”。

束流闪烁对于离子电推进可谓“牵一发而动全身”，它与产品工况、工作环境、系统稳定性密切相关，呈现耦合诱发、发展随机、瞬时产生-湮灭等特点。仅提升部组件耐受裕度防护束流闪烁，就类似于利用“免疫力”抵抗“感冒”，随着寿命中后期离子电推进“免疫力”下降，难以耐受束流闪烁能量冲击，可能引起产品在轨故障甚至失效。

团队开展创新试验

国际上针对束流闪烁研究甚少，创新团队凿空拓荒，建立起覆盖“核心单机—推进系统—天地环境”的三层次研究体系，创新提

出“等离子体物理—非线性信号处理”相迭代的研究方案。期间获军科委某重大项目支持，团队抽丝剥茧，深挖束流闪烁动态演化规律，提出基于智能算法的毫秒级非线性过程特征信息挖掘、束流闪烁实时监测与能量抑制等创新方法，首次辨识了束流闪烁三阶段普适特征。通过认识闪烁，主动抑制闪烁，将能量冲击降低了68%，保障了亚太6E卫星在轨稳定运行。

以点带面，向新而行——持续探索空间动力领域新技术

在全面建设航天强国的新征程上，创新团队勇立空间动力技术创新“潮头”，以战略性、前沿性、颠覆性为创新导向，聚焦高频放电技术研究，积极探索空间动力新形态。

聚焦超低轨空间对新质动力的战略性创新需求，设计了吸气式电推进系统方案，实现了推功比15毫牛/千瓦、比冲5000秒等先进指标，成果获中国空天动力创新创业大赛优胜奖；聚焦高功能密度卫星动力前沿性创新需求，研制了百瓦级射频离子电推进系统工程样机，核心指标比肩国际先进水平；聚焦宇航用等离子体技术的颠覆性创新需求，开发了新型高密度等离子体源，发展了基于多源信息融合的高密度等离子体参数系统诊断新方法，国内首次实测得到 1.1×10^{20}/立方米等离子体密度，较传统电推进提升3个量级。

源浚者流长，根深者叶茂。创新团队深耕电推进技术创新沃土，坚持在实战中增才干、练本领，积极探索空间动力技术领域新质生产力，以实际行动践行高水平科技自立自强，为航天强国建设持续贡献青春力量。

砥砺深耕12载　于无声处引领发展

致广大尽精微青年创新团队，来自中国空间技术研究院天津航天机电设备研究所，团队成员共8人，其中青年占75%，主要从事微低重力模拟与试验研究，参与了以嫦娥系列、天问系列、空间站光学舱等为代表的国家重点工程任务，先后获得第十八届全国“振兴杯”青年创新创效大赛金奖、天津市科学技术进步奖、集团公司科学技术发明奖一等奖等多项荣誉。

基于超精密气浮技术的航天器高保真天地等效零重力试验系统，是这支青年团队在第十八届全国“振兴杯”获得金奖的创新项目。该项目是截至目前，世界同领域内承载能力最大、精度最高的三自由度卫星零重力模拟试验系统。经中央专项工程验收鉴定，项目突破大型重载超稳气浮轴承设计及精密制造、超微干扰力矩检测及精密调节等关键技术，综合性能达到国际先进水平。该项目创新成果已成功应用于高分辨率遥感卫星、空间站机械臂等多个国家级重点型号任务，并在央视《大国重器》栏目专题报道。

不惧挑战，成功研制大型超平气浮支撑平台

大型超平气浮支撑平台，是用于模拟探月三期航天器在轨微低重力的重

团队合影

大基础设施。2012 年年底，致广大尽精微青年创新团队承揽了该平台的研发工作。此前，国内该领域研究尚处空白，无任何经验可借鉴。面对无研制先例、技术难度大、创新要求高、时间进度紧，还涉及机械、材料、力学、检测、通信、控制、流体润滑和土建等多个专业融合的严峻考验，团队成员日夜兼程，频繁走访调研建筑队、土建专家、高校教授。“没有借鉴，我们就堵在教授门口，很多时候教授给的意见一次性消化不了，那就厚着脸皮不停地问。”“不仅要问教授，还得问民工，他们有很多诀窍。”靠着“不耻下问”的精神头和“拼死拼活”得干成的不服输劲头，团队成功研制出了大型超平支撑平台，为微低重力领域发展奠定了扎实的技术基础和人才储备，也演绎了很多“三过家门而不入”“堵门也有硬技巧”“结婚三月不见君”“精准快捷运石工”的传奇故事。

砥砺深耕，实现一系列“零”的突破

平台的建成，只是万里长征的第一步。坚持破与立相长，学与用结合，这是团队的核心思路。团队依托平台，积极开展重点技术攻关与布局，先后申请科技部重点研发计划、国家自然科学基金重点项目等多个研发项目，在“高刚度大型超平气浮支撑平台技术”“基于微通道节流的重载超稳气浮技术”等多个关键技术点上，取得了一系列原创性、颠覆性突破，核心技术基础在理论和实践中不断夯实。

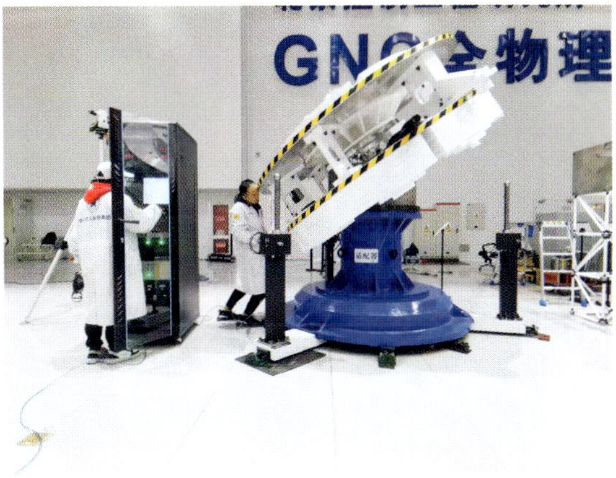

系统调试工作现场

勠力同心，于发丝间绽放智慧光芒

“星空浩瀚无比，探索永无止境。”气浮轴承距地只有 0.015 毫米，还不到一根头发丝的粗细。在如此细微方寸之间做文章，困难可想而知。

“恒力技术的解决，灵感来源于自家小孩玩的弹力玩具上下回弹瞬间，突然想到可以设计一个软的富有弹力的零重力系统”，团队成员表示。基于灵感，团队大胆尝试，自主研发研制了一套机械式零刚度样机，但实物样机摩擦力大，影响试验的精准性，不适用于宇航任务。一次偶然的机遇，团队成员发现采用磁力的方式可解决零刚度试验系统的摩擦问题。“我们并没有多聪明的头脑，更多的是为了解决现实的需求，持续学习、整合、试错、创新，小步快跑，换道超车。”

团队讨论零刚度试验系统方案

团队先后通过国家自然科学基金重点项目以及装备发展部应用创新项目评审，接续努力、久久为功，历时 5 年 6 台样机，2 次失败的艰苦攻关，最终实现了吨级载荷-克级精度高保真恒力技术的突破，卸载精度达到 0.02‰，承载能力较国内指标提升 2 倍，超过美国同类产品，解决了我国超大型卫星姿态控制试验领域的“卡脖子”问题，填补了技术空白，现已成功应用于小天体附着采样系统试验，取得了良好的效果。

不惧挑战、迎难而上的亮剑精神，百折不挠、拼搏进取的奋斗精神，同甘共苦、勠力同心的团队精神，默默付出、甘为人梯的奉献精神，是致广大尽精微青年创新团队提炼的“大平台”精神，也是团队的座右铭。12 年坚守初心，砥砺深耕，致广大尽精微青年创新团队坚持仰望星空、脚踏实地、锐意进取、创新突破，以实干笃定前行，为航天事业发展不断书写壮丽的青春篇章。

五年砺剑　打造空间动力“青”力量

空间能源与动力技术研发青年创新团队，来自航天推进技术研究院上海空间推进研究所，团队成员共20人，35岁以下青年占比超50%，主要承担空间能源和动力领域技术开发、成果转化、预研项目管理、技术发展规划、创新平台建设等工作，是一支充满激情的高学历青年技术攻关与预研管理队伍。团队勇于担当，敢于创新，近年来荣获国家级、省部级项目10余项，获得国家自然科学基金重点及青年基金各1项、上海市自然基金2项、集团公司钱学森青年创新基金1项，为空间大功率能源供应与高性能推进提供了有力支撑。

“青”力而为，突破技术壁垒

面向未来空间任务对大功率能源和高效动力的需求，围绕重大原始创新、关键核心技术突破，以重大工程项目为依托，空间能源与动力技术研发青年创新团队应运而生。一群平均年龄不到 35 岁的青年挺身而出，他们怀揣对航天事业的无限热爱，立下了“突破技术壁垒，为中国航天动力事业贡献力量”的誓言。这支空间能源与动力技术研发青年创新团队，迅速成为攻克技术难

团队合影

关的主力军。

从 2020 年到 2024 年，团队深耕空间能量转换领域，经过五年的不懈攻关，构建了功率覆盖百千瓦至兆瓦级范围的热电转换单机和系统级产品型谱，成功打破国内单机最高发电功率的瓶颈。团队成员以精益求精的创新信念、坚韧不拔的顽强毅力和同心协力的合作精神，为未来星表能源基地建设、行星资源探索利用、深空探测飞行器等领域提供了更优更好的能源方案选择，助力实现人类在深空探测和其他星球长期驻留的“飞天梦”。

以“智”提“质”，赋能高质量发展

电动增压推进系统是液体姿轨控系统的重要研究方向，其核心组件高速屏蔽泵属于低比转速泵，效率偏低。如何降低泵头损耗，提高屏蔽泵增压能力和整机性能，成为摆在青年团队面前的又一难题。

为此，团队成员对影响泵头效率的因素展开分析，评估了机械损耗、容积损耗和水力损失等多方面影响。根据评估结果，团队提出通过添加涂层的方式对口环间隙进行控制，同时采用选区激光熔化成型技术生产叶轮，并进行后处理加工，控制级间泄漏，降低泵头容积损耗。

经过团队的技术攻关，性能优化后的方案泵头效率提高至少 20%，且将部分原有难加工的关键零件实现了自主加工，降低了成本并缩短了生产周期。团队以创新的思维和扎实的技能，为未来探索空间和利用空间提供技术支撑，成员共同之“智”实现了产品“质”的提升，促进航天技术向更高台阶跨越，实现从跟跑、并跑到领跑的战略目标，为探索浩瀚宇宙、建设航天强国贡献力量。

向“新”而行，打造研发“排头兵”

团队坚持“创新是魂，人才是本，发展航天，动力先行”，注重基础研究和人才培养，打造了一支有激情能战斗的青年研发团队，是我国新型空间动力领域当仁不让的“排头兵”。

团队成员进行技术方案讨论

团队传帮带

创新发展离不开人才培养，团队坚持“骨干人员联育”，形成有榜样可学、有目标可追、有方向可走的人才培养模式。重视新成员的能力培养和发展，各技术方向的老员工发挥自身技术优势，全面承担起新成员的传帮带工作，做到“传”出智慧，“帮”出成长，“带”出文化，促进自身快速成长。

五年砺剑，这群青年科研工作者用实际行动诠释了航天精神，他们以青春之名，书写了中国航天动力事业的辉煌篇章。未来，他们将继续秉持初心，向“新”而行，不断突破自我，为中国的航天事业贡献更多的“青”力量，让梦想的翅膀飞得更高更远。

汇聚青年创新星火　点亮新质装备之光

分布式系统方法研究团队，来自四川航天技术研究院四川航天系统工程研究所，团队成员共23人，其中青年占60.87%。研究团队专注于基础前沿技术研究，先后参与了某计划重点项目、某基础科研重点项目等多项国家任务，先后获得了院科技创新团队、集团公司科技创新团队等荣誉。

紧跟前沿，做新兴技术探索的先行者

新质装备通常具有创新性、前沿性、颠覆性的特征，而新质装备通常依托新兴技术发展而来，做好面向未来的新兴技术研究对于新域新质装备建设非常重要。

2012 年，某高校获得了国际上第一幅某新体制图像。鉴于良好的应用预期，集团公司先后多次组织集团内多家单位，对原理可行性进行了专题研讨。集团公司科技委、研发部多次指导系统论证与技术探索工作，给出了许多宝贵意见。在集团公司大力支持下，团队对基础性问题、关键技术瓶颈进行了系统辨识与探索性研究，于 2019 年得到某计划重点项目支持。

团队合影

矢志超越，做关键技术攻关的排头兵

新领域固然诱人，但也注定一路荆棘。研究团队成立初期，对于相关理论研究现状掌握非常薄弱。

基础薄弱，就夯实基础。整个团队就像一个筛子，把关联度高的文献粗筛出来，分门别类进行了归拢。对初筛分类后的文献，再次进行精读，从外部需求牵引、支撑技术驱动和研究兴趣推动的角度，对理论演进的脉络进行了分析和挖掘，对传统应用模式下面临的难点及相应的解决方案进行了复盘。经过一次次的交流讨论甚至争论，逐渐将新应用模式下系统能力需求，分解为系统性能要求。又从性能出发，梳理了影响指标的所有技术环节，逐项对照当前的理论基础和技术方案在系统严苛约束条件下的有效性，进而找到了新应用模式下现有理论的缺口和技术瓶颈，建立了系统能力需求到理论与技术研究要求之间的桥梁。但此时，研究命题包含了 10 余个变量，使后续研究工作难以深入。

一个个宁静的深夜，伴随着笔在纸上划过的沙沙声，一个个深奥的数学模型跃然纸上。理论部分推导完了，代入系统约束，就可以做变量影响因素分析了；再写个程序，就可以直观地展示结果了。最终，经过严密的数学推导和仿真验证，结合系统应用模式和能力需求，团队对研究命题进行了大胆简化，在保证性能指标几乎不变的情况下，将变量数目缩减至原来的三分之一。研究命题的简化，为理论研究后续深入推进和总体转化运用奠定了基础，极大地加快了项目研究进程。千淘万漉虽辛苦，吹尽狂沙始到金。一年半的时间，团队完成了理论研究，形成了系统设计方法，掌握了系统能力生成的密钥。

技术推进会议现场

精准施策，做项目分段推进的试验田

在项目立项初期，为了保证技术研究的独立性、探索性和先进性，团队采取项目统筹下课题组长负责制推进研究工作。在项目整体层面，选聘技术骨干成立项目总体组，负责协助项目技术首席，统筹项目和课题技术研究工作。同时该项目中后期还涉及大量技术验证工作，需要开展原理验证系统构建与试验验证等工作，为此团队设立了项目管理办公室，以准型号管理模式推进项目工作。为保证验证试验产品稳妥可靠，团队实施了严格的航天型号质量管理，组织开展了全系统质量复查与风险分析工作，实现了技术先进性与产品质量保证的有机结合。

2024 年 4 月，团队进驻某试验场开展飞行试验。系统试验难度大、气候环境极端等问题成为萦绕在团队成员头顶的乌云。在这样极端的气候环境下，团队成员赓续弘扬航天精神，采取系统部署、科学分析、高效沟通、专项研讨和统一行动等措施，技术系统和试验流程复杂，就从信息流、信号流、指令控制等方面对时序进行详细梳理，对产品研制要求、验收情况与最终飞行场景的匹配性进行全方位复查，对飞行试验中可能出现的问题，有针对性地进行验证，完善了系统试验流程和应急预案。在外场试验全过程中，团队秉持“严慎细实”的作风，做到“工作开始有依据，工作过程按依据，工作结果留记录”，确保试验工作有序、试验过程可控和试验结果可追溯。

“功夫不负有心人，江河眷顾奋楫者。”经过 20 天的奋战，取得了国内首次某新体制技术原理验证飞行试验成功，得到了用户和专家组的一致肯定。

面向未来，做新质装备开发的生力军

该研究团队面向前沿、矢志创新，在技术方法深度耦合、系统协同关系复杂的情况下，积极进取、锐意攻坚，形成了囊括“一套理论 + 四个方法”的某新体制技术体系，完成了国内首次暗室环境下全系统技术仿真，取得了国内首次原理验证飞行试验成功，为该领域新质装备开发积攒了技术创新原动力。

面向未来，该团队将瞄准实际应用场景，深入开展研究成果转化运用，将青春和汗水书写在航天强国建设的伟大征程中。

专项测试现场

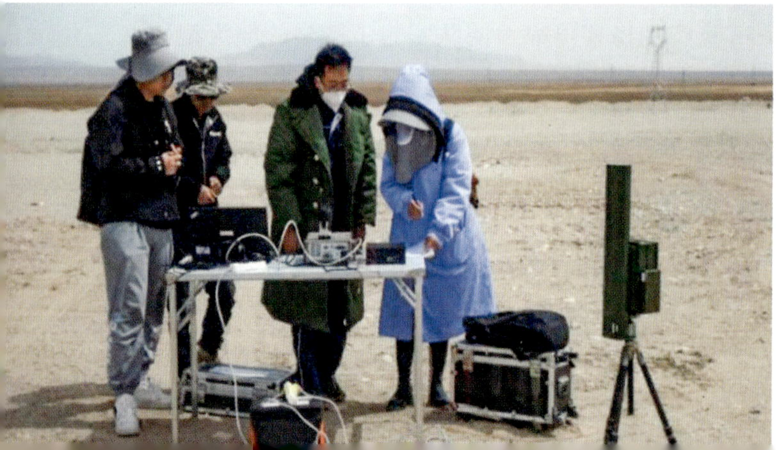

信息融合先锋队　引领产品智能化发展

多源信息融合青年创新团队，来自四川航天技术研究院四川航天燎原科技有限公司，成立于2018年，团队成员共18人，其中青年占83%，主要从事多源信息融合技术研究，先后参与了多项重点型号技术攻关，获得了军队科学技术进步奖、集团公司科学技术进步奖等多项荣誉，3人入选集团公司青年拔尖人才。

目标识别是无人机、无人车等无人系统的能力基础，提升目标识别能力是无人系统应用的迫切需求。多源信息融合青年创新团队瞄准产出“能用、管用、好用”目标识别技术，开展前沿技术创新和应用研究，取得了一批国内领先的智能融合识别技术成果，支撑无人系统产品实现了国内一流的目标识别能力，培养了一支在多源信息融合领域具备过硬专业能力的青年技术人才队伍，为我国无人系统智能化发展提供了有力支撑。

聚焦前沿，产出一流理论成果

智能化是多源信息融合发展的重要方向，团队面向产品多源融合应用场景开展前沿技术理论研究，不断尝试将人工智能、机器学习、大数据等领域

团队合影

的最新成果融入多源融合技术体系，形成与该型产品应用匹配的智能融合识别理论方法成果。

在智能融合理论方法研究上，团队内的同事各怀绝技，周雨、汪晓菲擅长数学理论，刘悦、李文婷研究深度学习技术，王占健、李天宇则是雷达信号处理方向的博士，团队融合个人所长，系统性开展了智能融合理论方法研究，秉持开放的态度与国内高校、研究所等优势单位密切合作，融合最优势的智力资源，加快基础理论突破。

在这一系列努力的推动下，团队取得了国内领先的智能多源融合识别理论方法成果，在海军组织的首届“金海豚”杯人工智能大赛中，获得了全国第一名的佳绩。

瞄准应用，攻克技术应用难关

好的理论成果，应当尽快应用。为了加快成果落地应用，团队瞄准某型在役产品能力升级开展了应用研究。在应用研究之初，团队即遭遇了“拦路虎”。首先是算力“天花板”的制约，智能目标识别算法运算量呈指数级增加，而在役产品的算力薄弱，直接应用难以保证实时识别，战场瞬息万变，滞后识别近乎“致命伤”；再者，理论算法与硬件适配“鸿沟”难越，新算法为新一代智能计算软件架构“量身定制”，而在役产品既有硬件体系老旧，强行嵌入易死机、报错，硬件全面升级成本高、周期长，不满足在役产品升级的成本要求。

团队研讨交流

面对算力困局，团队一方面优化算法，削减冗余计算，将规模矩阵缩减至40%，运算负荷锐减；另一方面，针对智能算法需要，定制开发了矩阵计算、卷积计算等专用算子，适配在役产品，使运算速度提升2.5倍。在适配难题上，采用软硬协同设计思路，重新梳理硬件架构，划分功能模块，用软件中间件“搭桥”，改写算法接口，历经百余次联调、迭代，让新理论顺滑“入驻”老硬件，系统稳定性满足使用要求。

经一年多奋战，团队攻克一系列技术难关，将该型在役产品的目标识别准确率提升了近50%，并实现了实时识别，有力支撑了该型产品在役改进立项和研制。

精研不辍，持续优化创好用产品

产品成功研制并投入使用，并不是技术应用的终点。团队深知，作业场景复杂多元、任务形势千变万化，持续优化产品的识别性能，争取识别能力“排头兵”地位，挑战重重。

外场试验现场

在实际使用中，电磁环境嘈杂不堪，各类电磁干扰设备蓄意制造“迷障”，干扰信号在关键特征上与目标高度一致，传感器接收到这些混淆信号后，真假难辨，系统难以精准识别目标。伪装物之间相互配合，在多种传感器上都有与目标相近的特性，对融合识别造成了巨大困难，目标隐匿其中，精准识别举步维艰。

面对电磁干扰困境，团队与产品研制队伍密切合作，扎根试验场数月获取试验数据，深入研究和定位技术难点。通过对十余个场景试验数据的分析，多次迭代技术改进方案，成功从海量数据中分析提取了有效特征，优化形成了性能更优的识别算法，在近年的试验与考核中，将该型产品的识别能力提升到了国内一流水平。

多源融合目标识别技术的成功应用，彰显了航天科技青年勇于创新、精研实干的创新精神和助力航天技术突破与产品升级的使命担当。在今后的工作中，团队全员将不忘初心、牢记使命，将个人理想和国家需求紧密结合，以实际行动为航天事业添砖加瓦，贡献青年力量！

伺服系统“特种兵” 助力飞行探极限

机载宽温域耐环境机电伺服系统研制团队，来自四川航天技术研究院四川航天烽火伺服控制技术有限公司，团队成员共14人，其中青年占71%，主要从事机载机电伺服系统研究，先后参与彩虹无人机、临近空间太阳能无人机、货运无人机、靶机等十余个型号无人机任务，先后获得集团公司科技进步奖三等奖，集团公司青年“五小”成果一等奖，航天工业QC一等奖等多项荣誉。

团队围绕各类无人机对高性能机电伺服系统的迫切需求，重点研究了可靠性设计、高集成结构设计、耐环境设计，突破了高可靠性传动、复合加载、耐环境适应等多项关键技术，研制出了能够适应临近空间极端环境的一体化机电伺服系统，培养了一支在机电伺服系统及其核心关键技术领域具备过硬专业能力的青年技术人才队伍，掌握了长航时宽温域耐环境机电伺服系统的理论设计方法，形成了特种机电伺服系统的研制能力，为我国特种飞行器的发展提供了有力支撑。

团队合影

直面困境，国家的需要就是研究的动力

随着科技的日新月异和经济的快速发展，应用交通监控、电力巡线、灾情监测、环境监控等方面的无人飞行器市场越来越火热，这些都离不开高性能机电伺服系统的支撑。

同时，随着人类探索步伐不断深入未知领域，面临的环境也越发复杂多变，极地机器人、户外探险机器人、海洋探测机器人、临近空间飞行器等需求日益增加，普通的机电伺服系统已无法满足这些环境要求，这就需要配备专用的特种伺服系统。

这类机电伺服系统针对极端工况设计了耐极限温度、耐极限压力、超长工作寿命等特质，如同伺服系统中的“特种兵”，专门应对挑战极限的工作任务。但专用的特种伺服系统又被国外所垄断且价格十分昂贵，因此国内市场对长寿命宽温域机电伺服系统的需求极大。

面对这一难题，团队以军科委某重点型号为牵引，以总体单位项目、四川省重大科技专项为支撑，成功研制了特种机电伺服系统系列产品。

探寻极限，突破“卡脖子”技术

各种严酷的环境、长时间连续工作的任务要求，决定了这类伺服系统需要具备长寿命和高可靠性的特性；同时，由于机上用电设备多，上电瞬间会产生较大冲击电流，这要求系统还需具备启动稳定性。

例如针对某空域，如何抵御超低温低压等极端环境是需要解决的首要问题，除了超低温低压环境，还面临诸如强烈的太阳辐射、高空风、臭氧等因素的影响，对于飞行器各个系统来说都是巨大的挑战。飞行器各重要系统都可以采用特殊舱段进行集成保护，但对于要完成飞行器姿态控制任务的机电伺服系统而言，却很难使用这种保护方式，尤其是长时间工作在超低温低压环境下，对产品的可靠性提出了极大挑战。

针对上述问题，团队组织各专业技术人员集中攻关，先后突破机电伺服系统长航时高可靠传动与控制技术、机电伺服系统宽温域耐环境设计技术、控制系统启动稳定技术，成功解决了高连续工作时间的

团队查看分析产品指标数据

电机综合寿命，极端温度环境下的被、主动温度调控，以及系统上电瞬间的电流抑制等技术难题。团队圆满完成了项目规定的目标和任务，并随机完成了多项多科目的严酷考核，获得总体单位的高度肯定。

拓展应用，促进创新成果推广转化

自2018年以来，团队突破多项关键技术，获得四川省科技重大专项以及四川重要标准项目等立项支持。项目申请国防专利1项并授权，发明专利6项已授权4项，实用新型专利授权2项；发表论文4篇，国防科技报告2篇；获得集团公司科技进步奖1项，院科技进步奖2项，航天工业QC成功一等奖1项等。

团队研制出的宽温域耐环境伺服系统产品，能够适应极端恶劣环境，具有耐超低温、低压且功率密度大的特点，除配套临近空间无人机外，还可应用于海洋、极地等极端工作环境下的飞行器、机器人等任务中，在军用和民用方面都具备广泛的技术成果推广转化条件。

系列产品应用于多家总体单位10余型无人机中，累计已交付产品500余台，形成销售收入4000余万元。该产品具有大体量市场任务需求及广阔的应用前景，预计未来三年形成销售收入不低于1亿元。

团队针对设计图纸进行交流研讨

后续，团队将继续以保障国家安全、推动产业升级和满足高端装备市场需求为使命目标，针对产品系列化设计和功能性拓展进行研究攻关，为航天机电伺服技术的高质量发展贡献青春力量。

线性一芯燃航天之火　所向披靡铸大国重器

线性火工装置团队，来自四川航天技术研究院四川航天川南火工技术有限公司，团队成员共21人，平均年龄33岁，主要从事非电传爆系统、切割分离装置、柔性导爆索等的研发和设计工作，先后推动多项关键技术实现国内首次，荣获国家级科学技术进步奖、集团公司科学技术进步奖、泸州市青年五四奖章等多项荣誉。

团队坚持“先行”创新理念，持续营造“团结、探索、先行、服务”创新文化，立足打造一支国际领先的高水平线性火工技术创新团队。在创新理念和创新管理模式驱动下，近年来陆续攻克了耐极限低温限制性导爆索、防热缩导爆索、新一代高性能切割索、低冲击无污染分离、网络分离、飞机座舱盖救生系统多项关键技术，实现多个国内首次，成功应用于诸多装备。

循“新”出发，“索”向披靡

他们是名副其实的实力天团，承担了非电传爆系统、切割分离装置、切割索、柔性导爆索、异型导爆索等1300余种火工品的研发和设计工作，为200多个型号产品提供了非电传爆和线性分离的解决方案。

团队合影

“如何才能在不增加药量的情况下提升切割索的分离性能呢？”这个问题一直萦绕在团队成员的脑海中。在解决某型飞机飞行员救生透明件破裂问题时，面临透明件材料韧性极高、破裂极难的情况，经过多轮试验，发现目前已有的切割索要么是无法正常破裂透明件，要么就是威力太大，无法达到破裂后想要的效果。

团队成员热情高涨，“我来负责切割索的型面设计和仿真计算！”王友、庞强宏积极响应；“我来负责切割索新型面的试验验证！”索奇、施廷杰主动担当。

作为该项目负责人，胡强对团队中的每位同事进行了分工。在他看来，只要思想不滑坡，办法总比困难多，大家充分发挥“特别能吃苦、特别能战斗、特别能攻关、特别能奉献”的载人航天精神，经过多轮技术迭代，最终确定了一种聚能罩为弧形的新型面铅皮切割索，极大提高了切割索的能效比，较以往切割索的性能提升 2 倍以上，完美解决了型号研制过程中的难题。由于该新型切割索突出的性能优势，在该项目同行业竞争中脱颖而出，赢得竞标。

向“新”而行，以“柔”克刚

伴随着“轰隆隆”的响声，挤塑机的机头牵引出了光滑、致密、均匀的柔性导爆索，团队负责人尹鑫站在挤塑机旁观察着导爆索的外观，记录着导爆索的外径，思考着试验数据是否达到技术文件的要求。

柔性导爆索的收缩问题长期困扰着该类产品的设计和使用。“明知山有虎，偏向虎山行”，面对该问题，尹鑫组织项目组的人头脑风暴，探讨如何有效克服柔性导爆索的收缩问题。

“能不能在柔性导爆索的端头设置卡口结构？”青年设计师张磊说道。“设置卡口结构不能从根本上解决柔性导爆索的收缩问题，如果对挤塑料的分子结构重塑或者硬化，或许能从根源上解决问题”，副主任设计师彭文彬提出了意见。经过热烈讨论，大家最终达成了共识。设计试验方案、进行工艺试验、开展挤塑试验……大家分工明确，本着“有问题共同商量，有困难共同克服”的原则，最终创新性地通过挤塑料的分子结构改性，有效解决了该收缩问题，极大提高了型号产品的传爆可靠性。

线性火工装置团队工作交流

率“新”而为，极“限”挑战

“现在对我们限制性导爆索的环境适应性要求是越来越高了”，胡强感叹道，“刚接到通知，需要我们设计一种在零下 90 ℃的低温下还能保持 6 小时可靠性工作的导爆索。”一席话并未激起“千层浪”，大家听后一时陷入寂静。思考良久，副总设计师马元锦首先指出了问题关键点：“时间越长，温度越低，导爆索的包覆层越容易脆化，所以，包覆层的材料选择和导爆索的结构设计是重点。”他的一句话让大家明确了方向，团队讨论制定了试验方案，分头查阅了国内外文献资料，最终成功找到了一种耐低温性能好的包覆材料，研究确定了一种多包覆层结构，生产出的产品经过大量试验验证，远远超出低温限制要求。

线性火工装置团队工作现场

发射当晚，团队成员不约而同守在屏幕前。“5、4、3、2、1，点火！”当一枚火箭徐徐升空，箭体上安装的耐低温限制性导爆索顺利完成既定功能，载着大家的自豪和期望奔向远方。经此一战，大家得出一个共识，正是严苛的条件要求，才锻造出了万无一失、稳妥可靠的航天火工精品。

该团队用线性一芯燃航天之火，以赤子之心铸大国重器，在实现航天火工技术创新发展的征程中所向披靡、愈战愈勇。

超燃的火焰　超燃的青春

超高燃速发动机自动化装药青年创新团队，来自上海航天技术研究院上海航天动力技术研究所，团队成员共8人，35岁以下青年占87.5%，主要从事超高燃速发动机自动化装药成型技术研究，先后参与国内首条内绝热层生产线、氧化剂自动化处理生产线、包覆药柱自动整形及检测生产线以及国内首套衬层自动抛涂成型制造系统等多项国家重大工程任务，曾获全国青年文明号、中国安全生产协会科技进步奖二等奖、集团公司航天精神青年模范奖等30余项荣誉。

电光石火，烈焰滚滚。伴随着升腾的烟雾和隆隆的轰鸣，一款新型发动机喷射着明亮的火舌圆满通过了地面试车。站在监控屏幕前的超高燃速发动机自动化装药成型技术攻关团队，紧紧悬着的心终于放了下来。

试验之所以让人如此关注，是因为该发动机首次采用了超高燃速固体推进剂，不仅危险系数比普通发动机高了 10 倍，还是行业内首次对超高燃速固体推进剂装药采用自动化插芯脱模技术。试验的成功标志着项目团队 7 个月的攻关心血终见成果，顺利通过了大考。

团队合影

险中探索，敢做“捋虎须”的人

“超高燃速”“危险性极高”“成型难度大”……一连串的关键词让推进剂成型专业工艺师代颖军犯起了愁。如何既能保证高效装药生产的安全性，又能保证产品质量的可靠性，成了萦绕在他心头的新挑战。国内同行普遍采用手工插芯及手工脱模的装药成型工艺。然而，超高燃速发动机具有结构特殊、药型复杂、机口尺寸小等特点，其燃速是常规发动机的近 10 倍，若仍采用手工操作、人工面对面作业的生产模式进行装药生产，将可能带来巨大的安全事故。因此，设计研发一台全自动插芯脱模装置的想法在代颖军心中逐渐发芽。

在车间领导的支持下，超高燃速发动机自动化装药成型技术攻关团队正式成立，代颖军义不容辞地担起了重任。为了增强大家与“虎”为伍的勇气，摸清超高燃速固体推进剂的“火爆”脾气，团队开设了大师领学“大”课堂、打卡文献“新”课堂、每日一学“微”课堂。追寻梦想的旅程顺利启航。

一切为了成功，再难也扛得住

“再难也要做！”这是车间推进剂成型专业工艺师程禹在攻关组例会上表态发言中的一句话，也是他在项目攻关过程中的真实写照。豪言壮语说起来容易，技术攻关的道路却难之又难。国内外资料库检索不到任何有价值的信息，了解技术指标后没有厂家敢接项目。大家一下子理解了为什么自动插芯脱模是行业共识，却一直没有这样一台设备问世的原因。

青年队员与副主任工艺师讨论技术方案

青年队员在进行自动化插芯脱模装备调试验证

面对困难，程禹不仅没有退缩，反而更加努力。在师傅代颖军的带领下，两人开始了自行设计、研制之路。在浩如烟海的文献资料中，他们不放过一点蛛丝马迹，一个个单工段原理样机制作出来又被拆散，调整后再次组装起来，周而复始，愈战愈勇。3 轮方案迭代完善，26 项技术完成论证。他们又进工厂、盯进度、做鉴定，一套远程隔离的超高燃速固体推进剂自动化插芯脱模装置雏形终于研制成功。

实现"从0到1"的突破才有成就感

10 N，20 N，30 N……设备插芯力数据突然飙升到 100 N，而且仍然没有停止的迹象，可芯模却未按照预期插芯到位。项目负责人代颖军紧急叫停试验。"模拟推进剂药浆可以承受这样突发的压力，而我们将要面对的可是撞击感度 100% 的超高燃速推进剂，这样的压力风险很高。" 可是怎么解决问题呢？大家又犯了难。"可以采用插芯力线性控制、插芯脱模力阈值超限报警的技术措施，从根源上保证本质安全。”副主任工艺师孙振兴提出了解决方案。

计算、建模、仿真、实施又是一轮新的战斗。经过3个月验证，终于实现了芯模匀速、精准装压到位，插芯力及时反馈，插芯过程实时监控，一台可实际应用于批生产的装备宣告完成。本项目颠覆性改变了超高燃速推进剂高风险工步人工隔离防护作业模式，实现了超高燃速推进剂插芯及脱模自动化的技术突破，填补了行业内超高燃速推进剂装药自动化成型工艺空白，可支撑国内更多高精尖武器装备的发展。

数字无声，却也最有力。团队聚焦超高燃速推进剂装药自动化成型工艺技术持续创新，发表论文4篇，申请专利2项，在过程控制、设备保障、安全管理等各方面把握生产脉搏，提升了质量可靠性与安全本质度。目前，自动化插芯脱模装置通过了装药考核试验，已经完成了4套共480发产品制造、交付，产品考核结果满足设计要求。

涓涓细流、粗砺碎石，聚合能成险峰丽水；微微烛光、点点星火，聚合能成燎原之势。在创新攻关中，青年团队磨合——心往一处想劲往一处使，融合——挑战新高度拓展新领域，聚合——打造党性过硬能力更强的队伍；面对着超燃的火焰之危，绽放着超燃的青春光彩。

推进弹载电子设备大综合　助力战术武器能力新升级

弹载综合电子青年创新团队，来自上海航天技术研究院上海机电工程研究所，团队成员共25人，35岁以下青年占80%，主要从事弹载综合电子设备研究。曾获得中国质量协会质量技术奖二等奖，中国安全生产协会安全科技进步奖二等奖，上海市优秀发明选拔赛职工技术创新成果铜奖，院青年安全示范岗等荣誉。

全球信息化时代，科技力量使未来战争面貌焕然一新，战争形态呈现出由简单到复杂、由单一到多样的推进趋势。目前科技革命及战争形态推动新一代战术武器平台向集成化、智能化、可拓展、可重构方向发展。此外，当前武器装备在研制时根据总体需求新研电子设备研制周期长、成熟度低、经济成本高，且不满足新一代武器平台对信息综合智能处理的要求。

为推进新一代武器平台突破技术瓶颈，上海机电工程研究所弹载综合电子青年创新团队研究基于高集成硬件架构和开放式软件架构的新一代战术武器电子系统，实现现代化战术武器阶跃式突破。

团队合影

模式革新、架构创新，型谱产品赋能研制效率升级

为解决核心芯片功能密度低、数据交互速率低、信息融合程度低等问题，创新团队以产品化研制为导向，按照硬件模块化、软件构件化、信息传输高速化的思路，研制了第一代弹载综合电子（SAST-VNX）产品，并探索形成了一套与型号互为驱动的产品化集成研发模式。在技术要素层面，聚焦研制流程规范化、指标体系归集化、总线接口标准化和数学模型通用化，经过多轮论证、实施、验证及完善，形成通用技术准则及规范；在产品要素层面，围绕平台系列化、单机 / 部组件产品型谱化、软件开发构件化等方面进行系统性梳理和固化；在管理层面，变革管理模式和队伍配置，建立型号纵向选用集成和产品横向统筹研发的协同工作机制。截至目前，第一代弹载综合电子已有型谱产品 15 个，该系列核心机模块扩展性、重构性和可升级性好，已逐步成熟并向各型号推广，有力支撑多个项目快速推进。

综合电子设备测试调试

开放共享、资源融合，集成小型化全面提升产品性能

为进一步丰富弹载综合电子型谱，解决第一代综合电子不能完全满足结构总体适装要求的问题，创新团队依托领域规划的弹径型谱，以小型化、集成化为主要技术特征，坚持模块化、系列化发展思路，逐步论证形成了第二代弹载综合电子（SAST-HSI）产品。第二代产品更广泛采用高性能微系统芯片，模块设计更加集成化，克服了分系统采用相同硬件电路以及处理器资源的浪费，从而达到共享资源、降低空间、提高质量的目的。该系列尺寸约为第一代的一半，对导弹结构总体的适装性更好。目前，该系列综合电子产品已有型谱 11 个，并已在多个型号完成飞行试验验证，稳步提升产品成熟度。

多域综合、智能泛在，新一代综合电子引领技术革命

面向未来发展，在推进弹载综合电子发展和应用的同时，创新团队积极运用集成电路、微系统等研究成果，探索将弹上主要电子设备集成为“一个

综合设备”的途径，实现“大综合”，推动模块化、系列化、智能化、微系统化达到更高水平，实现“综合探测＋综合电子＋综合互联”的弹上电子系统总体架构，推动弹上主要电子设备综合一体化，大幅提高硬件通用性和软件重构性。弹上电子系统“大综合”设计将有力支撑当前及未来各类预研项目，进一步实现弹上电子系统集成化、小型化。

后续，创新团队将继续瞄准微系统化、智能化等方向从三方面加速推进弹载综合电子研制。一是服务实战化需求：针对论证型号项目，以前瞻性智能化、轻质化等技术为基础，提供具有竞争力的解决方案；二是提升基础能力：聚焦型谱产品全生命周期管理，以产品化、数字化为基础，落实产品选用集成，牵引共性技术攻关；三是持续创新发展：突破固有思维，敢于应用国内外电子学领域先进技术，实现武器装备功能、性能的快速迭代，推动武器装备战斗力快速生成，为如期实现建军一百年奋斗目标贡献力量。

综合互联技术研讨

青年矢志创新 防抗铸就自强

无人机综合防抗研制团队，来自上海航天技术研究院上海航天电子通讯设备研究所，团队成员共92人，35岁以下青年占70%，主要从事反无雷达探测和综合防御对抗技术研究，先后参与装发、陆军以及空军等多个国家重大演习任务，曾获集团公司科技创新团队、上海市青年文明号等荣誉。

在奋进中完成超越，他们是志在远方的逐浪者；在拼搏中成就理想，他们是以身作则的好榜样。他们勇往直前、不惧挑战，一步步突破综合防抗系统的疑难杂症，填补国内近程综合防御的空白，研制出一套集电子被动侦查、电磁干扰和诱偏多功能一体的综合防抗设备。他们以奋斗者的姿态和熠熠闪光的航天精神展现出防抗团队的使命和担当。

围绕国家需求，聚焦雷达探测新威胁

随着空袭武器的不断发展和空袭样式的持续演变，以无人机编队形式协同完成高效突防和其他各类作战任务已成为现代战争的重要发展趋势，给现有防空体系带来严峻挑战，对重点区域和设施的安全构成巨大威胁。

团队合影

面对无人机及无人机蜂群进攻作战场景，我军现有防空反导体系资源有限，缺乏一型以无人机及无人机蜂群为典型作战目标，具有“高度集成”“快速反应”和“高效费比”特点的预警防御系统。为此，急需开展可将多种探测拦截手段高度集成、统一指挥调度、具备无人机综合防御与对抗能力的体系装备建设，实现全方位多层次拦截网综合防护。

因此，所迅速组建无人机综合防抗研制团队，瞄准无人机综合防抗系统研制和试验验证，构建多层次、立体化防空拦截网。

面向科技前沿，深入攻关勇攀高峰

2020 年至今的研制历程中，团队全体成员用实际行动践行“特别能吃苦、特别能战斗、特别能攻关、特别能奉献”的载人航天精神，以奋发有为的工作热情、只争朝夕的工作劲头、抓铁有痕的工作力度、精益求精的工作标准迎难而上，成功攻克综合防抗系统中一个又一个关键难题。

从书本到产品，从单机到系统，团队成功研制出一套集探测、电侦和干扰于一体的无人机综合防抗系统。首次突破低慢小无人机群目标探测跟踪技术，实现集群编队目标的有效分辨及稳定跟踪；攻克大型威胁打击高效比下目标识别准确率差的难题，结合体系作战的多维信息，提出基于雷达、光电和电侦结合的无人机主被动复合探测识别技术，融合综合运动参数、光学图像、电子侦察信息的多维参数信息，实现目标的高准确识别和精确定位，识别准确率由 80% 提升到 90%；构建组网协同探测装置，首次建立了组网雷达资源综合调度、组网雷达高速通信、点航迹融合的协同探测跟踪体系，实现多车协同探测，跟踪精度提高 10%。提出了多源异构传感器融合控制技术，实现综合防抗系统指控控制、预警探测、电子侦察各系统的信息交互，提升系统的作战效能和抗干扰能力。

建立高隐蔽性的电侦装备，实现对隐身目标探测和跟踪，且不受地形、气候等条件限制，提升整个防御系统的稳定性和可靠性。采用低成本高性能信号处理架构，实现复杂电磁环境下各类型无人机无线电信号的检测与识别，未知无人机快速入库、多目标多频段高精度实时定位与跟踪，相较于市场上现有的同类产品，具有低成本、高实时性、高精度以及全国产化的优势，直接经济成本降低 70%。

无人机综合防抗系统对各类中、小、微小型无人机进行侦查预警、跟踪识别、导航诱骗、电磁干扰，具备主被动复合探测、精准干扰拒止、强集群目标检测跟踪性能、强

反无综合防抗车

复杂电磁环境适应性、多层次立体防空预警、软硬杀伤模块化灵活配置等特点，适用于要地防御、行进间防护、城市环境作战、无人值守自动拒止等多种作战场景，能够作为各类近程末端防御系统的有效补充。

反无综合防抗系统调试现场

深度协同融合，共谱创新续写新篇章

沙丘起伏、大漠孤烟，远山苍茫、星光漫天，无人机综合防抗研制团队先后经历 40 余次外场跟飞验证了各项指标符合设计要求，综合防御对抗系统达到国内领先、国际先进技术水平。系统关键技术形成的低慢小目标探测算法体系为后续其他相关雷达型号探测跟踪奠定了坚实基础，相关成果已成功应用于多个武器系统等国家重大工程，取得了显著的经济、国防和社会效益。

创新为帆、青春弄潮，无人机综合防抗研制团队的青年们将牢记使命，以梦为马、不负韶华、砥砺奋进，深耕专业技术、勇攀科技高峰，为建设航天强国、实现中华民族伟大复兴再立新功！

矢志国防启新程　守护低空展新篇

反无人系统技术团队，来自中国航天电子技术研究院九部，团队成员共32人，平均年龄32.6岁，35周岁以下青年占81.3%，是一支高层次、年轻化的科研队伍。团队主要从事反无人产业的发展规划、方案论证与产品研制、关键技术攻关等，承担了“某要地反无人建设工程重大项目”“某要地无人机防控重大工程”等集团级、院级重大任务。

无人机经过数十年的发展，在军事和民用领域形成了庞大复杂的装备谱系。近年来，国内无人机“黑飞”数量持续上升，直接反映出城市低空无人机防控面临巨大挑战，反无人建设势在必行。在集团公司大力支持下，团队瞄准国家重大需求，以高度的政治自觉和强烈的责任担当，一步一个脚印，在反无人领域稳步迈进。

自立自强，勇挑反无任务重担

低空安全是国家安全的重要组成部分。面对某要地防空重大任务，团队青年们秉承“燃青春之火、铸技术之刃、破创新之茧”理念，踔厉奋发、协同攻坚，勇挑反无人建设重担。

团队合影

反无人体系建设作为新兴产业方向，可参考经验少，遇到的问题多，团队在实践中摸索，逐渐累积经验。在某要地反无人项目建设初期，时间紧、任务重。团队迅速组织多方力量，协同集团内外、政府高校等优势单位的青年力量，构建小核心、大团队模式，充分运用系统工程方法和规律，实施软件开发、硬件测试、安装、集成、调试多线并行策略，有效提高了项目推进效率。

针对初期阵地选址难题，团队创新采用反无人数字孪生仿真推演技术，对仿真目标、设备、场景进行高精度虚拟映射，有效指导了反无人阵地点位选址部署及装备选型，为项目顺利推进提供了重要参考。

项目建设过程中，团队秉承“边开发、边测试、边建设、边集成、边调试、边保障”理念，与用户同吃同住、大力协作、密切配合，利用雷达、光电、无线电侦测等多种手段进行数据融合，创新性地形成楼上阵地、楼下点位、机动车组的“固定-机动-便携”协同反无能力，构建了一体化智能无人机防御体系。

团结协作，勇攀反无技术高峰

青年志凌云，技术破千钧。在有限的三个月内，团队青年勇闯无人之地，开展探测预警、反制拦截、指挥控制和目标特性等核心专业技术创新，将数字孪生、人工智能等前沿技术应用于无人机反制系统中，为要地反无人能力提升奠定基础。

团队青年不断挑战自我，精心雕琢每一个技术细节。为提升反无人体系目标识别效果，团队青年不断研究无人机目标与环境特性，包括光学和红外特性、雷达散射截面、电磁频谱特性等，并开展多源异构数据融合关键技术攻关，将雷达设备在城市复杂环境下虚警率降低94%。与此同时，团队青年突破探测反制无人值守关键技术，根据无人机目标自主生成反制策略，有效

团队青年在工作现场

团队青年在珠海航展参展现场

提高体系反制效率，要地反无人能力得到大幅提升。

“以星辰为伴，与日月同辉，这是我们日复一日的真实写照。”团队负责人马长正介绍，团队青年从夜晚到清晨，从盛夏到深秋，以实干笃定前行，多次成功保障用户重大勤务和演习活动，有效处置无人机“黑飞”事件，极大提升了区域无人机安全防范水平，得到用户的高度认可。用户单位被团队“青年似火志如钢”的精神所折服，特向集团公司致以“感谢信”，诚挚感谢团队的积极配合和出色表现。

在日日夜夜的艰苦奋斗中，团队收获以“某要地无人机防控重大工程”为标志的重大成果，为集团公司开拓反无人领域、占领反无人技术高地、提升行业地位作出了突出贡献，为低空经济健康发展初步夯实技术基础。

坚定信心，引领反无产业发展

低空安全防控是低空经济发展的基础，是低空经济健康发展的保障。团队响应国家号召，在前期成果的基础上，自主研发多型“侦、攻、防”反无人装备，拓展了反无人系统在天津、新疆、福建、湖北、湖南、广东等地的建设工作，参与珠海航展等多次宣传活动，进一步提升了集团公司反无人体系装备的社会影响力和竞争力。

为促进低空经济健康发展，团队又以北京市延庆区低空经济示范区为试点，构建了反无人能力基座，瞄准关键技术攻关与装备研制，建设低空安全试验场，打造低空经济样板间，向全国推广。

“进无止境、青创先行。”全面提升新兴领域战略能力，推动新质生产力同新质战斗力高效融合、双向拉动的宏伟蓝图已经绘就。新征程上，团队将继续坚定信心决心，埋头苦干实干，深化反无人体系建设，努力引领反无人产业发展新局面。

以“敢”为先　创出国际领先编码

崔越，1994年12月生，来自中国航天电子技术研究院北京遥测技术研究所，工作以来主要从事信息安全技术研究，参与了激光编码类、雷达类、卫星体系架构类等多项信息安全装备型号任务，曾获得集团公司最佳新人奖。

习近平总书记在科学家座谈会上指出：“广大科技工作者要树立敢于创造的雄心壮志，敢于提出新理论、开辟新领域、探索新路径，在独创独有上下功夫。”在研制某激光编解码安全防护科研任务中，崔越创新突破了多项关键技术，有效解决了信息安全设备的统型难题，使设备产品性能达到了国际领先水平。崔越用实际行动阐述了他对于科技创新中“敢”的理解。

“敢”想——向最难的目标亮剑

初到岗位报到，崔越接手的第一项激光编解码安全防护科研任务，就要求实现多种高强度干扰下编解码的安全性保障问题。他回忆当时接到这项科研任务的时候，内心非常忐忑，这么重要的项目，如此前沿的技术指标要求，在这么短时间内能实现吗？

崔越

但在这一刻，刚毕业的他想到了读博期间导师的话："这个方向别人还没做出来，你要敢于去做，不要怕。"这让他更加坚定了信心。要扛住这份压力，要敢想、敢做、敢于创新，不怕困难，保质保量完成既定目标任务。

"敢"做——研究核心技术难点

在任务前期的几个月里，崔越以该领域近年的论文专著和典型产品为脉络，开展了大量的资料研究，打开电脑文档一坐就是一整天。在走访了数十个厂家和研究机构，将项目的实现难点进行拆解，和研究室内的专家前辈反复研讨，崔越最终确定了攻关的技术路线。

下一步便是单点突破。如何解决高重频干扰后安全解码问题，是需要攻克的技术难点中最重要的一个。即使国际上的顶尖设备也只能做到抵御200 kHz高重频干扰，但经过理论分析和初步实验，崔越所在的团队认为应该可以实现抵御250 kHz高重频干扰的目标。在此基础上，崔越还大胆提出要大力提升编码在空口信道传输中的安全保障性能，以及实现快速解码锁定信号等一系列关键技术难点的突破。做，就要做到极限！这个理论边界成了他的既定目标。

“敢”破——打破传统技术体制

任何创新都来源于大量的基础积累，过往的深厚积淀是创新技术开花结果的坚实土壤。正是在党的十九大服务保障工作中“入侵检测技术”的应用，激发起崔越关于“防失控设计”这一关键技术的灵感。

但在当时，激光编解码安全防护设备设计差异大、状态不统一等一系列传统的技术体制问题，需要进行统型设计、制定系列规范，才能逐步实现激光编解码安全防护设备型谱化。面对这样的难题，崔越没有选择放弃，而是勇于突破旧有技术体制的局限性，大胆假设、小心分析、反复试验，并且设定了一个更加艰巨的挑战目标——要使研究成果支持可扩展、可定制，从而真正全面提升信息安全装备保障能力，实现装备“减型增效、减型提质”，满足各类激光编解码系统信息传输的安全需求。

代码调试

“敢”熬——苦磨心志熬过难关

灵感的火花来自碰撞，团队交流是无比重要的。彼时，崔越所在的团队在激烈的讨论和交流中提出了“最大熵”“组合滤波”等多个有价值的想法，为试验研究提供了新依据、新思路。然而，科研创新从来都不是一帆风顺的。

这期间，试验的结果有成功，也有失败，而面对失败，心智的强大则至关重要。崔越常说：“有了思路，就要通过代码和实验去验证这些想法。我们要允许一切发生，要历尽千帆仍不弃，才能守得云开见月明。”

在经过无数次代码迭代和反复调试后，最终通过最大信息熵编码、多阶频率筛选等关键技术，实现了在解码端抵御 250 kHz 高重频干扰时码字的安全性这一目标，成功突破了多重技术难点，达到国际领先水平。

以“敢”为先，这便是崔越的科研创新之道。激光编码项目的突破，是信息安全与物理层机制融合提升的一次重要尝试，也代表着航天科技集团在底层信息安全建设方面再上新台阶。正是敢于瞄向最难目标挑战的想法、敢于突破核心技术难点的决心、敢于打破传统技术体制的魄力和敢于在失败中不断尝试的勇气，才使他能够从众多可能性中拨开迷雾，发掘出真正可行的创新技术路线。新征程上，崔越将坚持把弘扬航天精神作为推动科技创新的重要动力，以青春之担当奋力书写中国科技创新的新篇章。

实验室内场测试

深耕“隐身”大法　勇探吸波秘境

张赢，1990年1月生，来自中国航天空气动力技术研究院空气动力科学中心，工作以来主要从事功能类材料结构及相关物理机制研究，参与了多项国家级基础科研项目，曾获得军队科学技术进步奖一等奖，入选中国科协青年人才托举工程。

张乾二院士曾说：“真正的大科学家首先必须是一个纯粹的人，纯粹为科研兴趣，或为国家需要。”而今中华复兴，看寰宇风云，中国航天从“嫦娥”奔月到“羲和”探日，从“神舟”扬帆到“天宫”览胜，从载人航天到探月工程，从太空行走到长驻空间站，是一代代航天人勇于攀登和纯粹做事，方可持续绽放璀璨的科技之光。

张赢认为：吾辈当有为，怀天下、担重任于肩，身为航天青年一代的我们应当做一名纯粹的科研工作者。他遵从“弘扬科学家精神，将学术思考作为一种生活方式，将学术创新作为一种生活乐趣”的工作理念，承担了多项国家级基础科研项目，相关成果支撑了国防基础科研的关键技术攻关。他一直致力于先进气动材料学领域的研究工作，已发表国际权威期刊论文及会议论文 8 篇，授权受理专利 10 项，入选中国科协青年人才托举工程，荣获军队科学技术进步奖一等奖、院青年岗位能手、优秀团干部等荣誉。

把握科技发展态势，提出新设计准则

在现代战争中，隐身技术作为重要突防手段，是世界各主要军事强国重点发展的领域之一。隐身技术是一项多领域交叉的综合学科，涉及材料学、光学、电磁学、空气动力学、结构学等。隐身材料作为隐身技术的重要组成部分，可大大减小飞行器的信号特征，降低其可探测性，从而提高其生存能力。

吸波超结构是目前隐身材料发展的最新方向之一，具有传统吸波材料无法企及的优势。张赢牢牢把握新阶段、新理念、新格局下的科技发展态势，着力开展吸波超结构的研制，力争在宽频隐身技术领域占领制高点、掌握主动权。

针对吸波超结构三维构型的数学模型不具备普适性问题，他引入分维数定量表征构型的几何复杂程度，解决了复杂三维构型结构的几何特征表征难题，研究成果可用于筛选较优的构型设计方案。领域知名专家对该研究进行了正面引用评价："该研究提出的分形几何由于其独特的几何性质，如自相似性、尺度对称性、非整数维数等，已成为一种重要的超结构设计准则。"

张赢

唯知跃进，唯知雄飞

在某重点任务中，张赢作为项目负责人充分发挥先锋模范作用，不怕困难、主动担当，带领团队在两年内完成了从不同体系复合材料的制备到结构样件研制的全过程。

为了按时保质完成任务，他经常加班加点，做实验到凌晨。尤其在材料制备过程中，他严格把控每个工艺环节，确保材料预先处理、设备调试等重要研制环节顺利推进。疫情期间，为了完成某项目节点任务，张赢以高度的责任心和专业素质，以青年人的冲劲辗转于3个城市进行材料制备试验，力保项目任务节点的顺利完成。

张赢在科研进展碰头会上交流

经过努力，张赢通过两步熔融共混法实现了吸收剂在基体材料中的较大质量比和良好分散性，提高了电磁损耗性能；基于建立的介质损耗型结构宏观等效计算方法，对吸波超结构进行了阻抗匹配设计与优化。通过结构样件的电磁与力学实验方法，表征分析了磁损耗和电损耗吸波超结构的表面反射损耗和力学强度。研究了不同体系材料对于超结构吸波机制的影响，分析了超结构的电场和磁场在吸收峰频点的集中区域和功率损耗分布。此方法可应用于设计与制造具有复杂形状的宽频吸波超结构。

为打破界限而上下求索

科技创新是一个不断观察、思考、假设、实验、求证、归纳的复杂过程。对于基础科学研究而言，要勇于探索、突出原创，拓展认识自然的边界，开辟新的认知疆域。而交叉学科方法论是一种处理不同学科领域或知识体系之间相互关联、交汇和整合的方法和原则。

在基础科学研究中实践交叉学科方法论，可以突破传统学科之间的界限，将不同领域的知识、技术和方法等融汇在一起，达到并置、共享和层叠，有助于更全面、更深入的新洞见的产生，从而更好地解决复杂的现实问题。

在某项目论证中，张赢敏锐捕捉到实现轻量化宽频吸波结构的必要性和迫切性。他翻阅大量文献资料，积极扩展新视角、引进新思维，与团队成员深入调研具有多机制协同作用的等离子体复合吸波超结构与空气动力学领域之间，涉及三种学科交叉的可行性，并试验摸索其中多相耦合机理学术理论的前沿性和创新性。该方向是张赢团队未来实现原创科技创新的突破点，将打开进一步拓展吸波频段的新局面。

往事作序，来日为章。虽叹行路难，亦作逍遥游。未来，张赢将继续勇闯基础科研的无人区，在前沿阵地开疆拓土，激扬梦想，挑战极限，推动科研工作不断取得更大突破。

修炼隔热“金钟罩” 勇攀防热新高峰

曾徽，1989年3月生，来自中国航天空气动力技术研究院空气动力研究所，工作以来主要从事飞行器电弧风洞气动热地面试验和高焓流场非接触式光学测量研究，先后参与了探月工程、火星探测等重大工程任务热防护系统地面试验研究工作，曾获得中国安全生产协会科技进步奖、入选中国科协青年人才托举工程等。

同事们常讲，曾徽是一个不断探索、开拓创新的好青年，他在飞行器热防护试验研究上走出了一条精益求精的道路，从一个专业方向的新人成长为研究室的技术带头人。面对从零开始的挑战，曾徽潜心学习和创新，发展了风洞试验和调试的新方法，提升了风洞试验效率；面对设备能力的短板和空白，他迎难而上，开创了大功率风洞设备故障预警的创新道路；在高焓非接触式光谱测量领域，他攻克了多项难题，实现了从理论到实践的飞跃，为飞行器再入过程的精细化流场测量奠定了坚实根基，在气动热防护试验领域烙下了自己的青春印记。

曾徽

从理论到实践

“热障”是飞行器运行“三大障碍”之一，指飞行器的飞行速度超过一定界限时因高速气流引起机体表面温度急剧升高而遇到的障碍，这对于飞行器的设计来说非常关键，关乎任务成败，尤其是载人飞行器，还影响到乘员的生命安全。曾徽所从事的工作就是突破热障，主要是利用风洞等试验设备，模拟飞行器从高空高速返回地面时与空气“碰撞”“摩擦”的“过热”过程，根据数据和理论去提升飞行器的防热性能。

这项工作听起来像飞行器研制过程中的一小部分，但实际上包含了多种类学科耦合，同样是复杂的系统工程，比如热防护方法研究、烧蚀材料学研究等等。当曾徽初踏入这个领域时，他如痴如醉地汲取着相关领域知识，但面临着理论转化为实践的难题。他抱着从零开始、务实肯干的态度，从专业基础知识到风洞试验设备各分系统，从风洞试验技术到试验测量技术，从理论到实践，他进行了消化和创新，发展了模拟“热障”过程风洞试验的高效预测方法，极大提升了地面试验的工作效率和精确度。

建立方法，保证风洞长时间安全稳定运行

随着航天飞行器向着更快、更高、更远的目标迈进，任务要求变得更高，

曾徽开展风洞试验光谱系统调试

数量也逐年攀升，这给风洞试验带来了前所未有的挑战。如何保证电弧风洞长时间安全稳定运行，是横亘在气动试验能力提升面前的一座高峰。

年轻的曾徽挺身而出，毅然承担起了解决这一问题的重任。他牵头开展针对大功率电弧风洞故障诊断技术的研发和攻关工作，纵然面临重重困难，没有先例可循，没有经验可以借鉴。曾徽凭借扎实、专业的基础能力和对风洞运行过程的深刻理解，探索出了一条全新的道路。经过夜以继日地实验、分析、再次实验验证，最终成功建立了一套大功率电弧风洞设备故障诊断的预警方法，不仅保障了设备的安全运行，也确保了多个重要型号试验的顺利进行。这一成果获得行业内专家的高度认可，荣获了中国安全生产协会科技进步奖二等奖。

让航天员安全返回

2024 年 11 月，神舟十八号返回舱成功着陆。曾徽在观看视频直播时说：

“每次载人返回时我都会关注，很骄傲、也有点紧张，返回舱的热防护非常关键，这是我们的工作，不容有失。”

为了让飞行器返回时的热防护“金钟罩”更加厚实，曾徽投身在模拟“热障”过程精细化研究中。飞行器高速再入过程除了宏观的“加热”，还面对十分复杂的微观热化学反应，空气中的氮气和氧气分子会“裂解”为原子。对这一微观过程的精细测量是专业领域的关键发展趋势。他认真钻研，开启了风洞试验热化学反应测量的征程。他克服了一个又一个技术难关：大功率风洞设备运行过程中高温、强震动、电磁干扰等恶劣环境，测量方法建立和测量系统调试，现场环境的设计和布局等。逐步建立了电弧风洞高温流场的精细化测量能力，为飞行器高速再入过程微观热化学反应的参数测量提供了坚实保障。

“求真务实、自主创新”是曾徽的信念和认知，“攀防热高峰”是一个气动热防护青年对航天事业不懈的追求。未来，曾徽将不忘报国之志，勇攀防热高峰，持之以恒为国家航天事业贡献自己的力量。

曾徽与同事交流试验问题

心有灵犀善“偷懒” 身披双翼采专利

佟阳，1993年7月生，来自中国航天空气动力技术研究院创新与应用中心，工作以来主要从事太阳能无人机结构研究，参与了某系列太阳能无人机研制任务，曾获得集团公司青年“五小”成果评选二等奖、中国航空学会2021科技进步奖团队二等奖、中国航空学会2022科技进步奖团队三等奖。

2024年是佟阳进入航天工作的第七年，在太阳能无人机结构与强度设计岗位上，她兢兢业业、恪尽职守、勇于创新，伴随着太阳能无人机共同成长。入职以来，她已有授权国家发明专利16项、审中专利20余项。常有同事问她为什么申请专利这么轻松，她总是笑着回答：“因为我懒啊。”

“懒”出通用试验工装

2018年是佟阳进入工作岗位的第一年，也是某型太阳能无人机的攻坚之年。太阳能无人机，顾名思义，是一种依靠太阳光发电飞行的无人机，理论上具有无限飞行时长，是一种节能环保、运营成本低、灵活可靠的飞行器。为了提高气动效率和获得更多的太阳能，太阳能无人机通常采用大翼展设计；而为了减少能耗，太阳能无人机的质量又有极为严苛的限制。为了满足无人

佟阳

机“大”且“轻”的要求，结构设计需要十分精细轻巧，其结构形式与常规无人机存在很大不同，结构人员经常戏称自己做的是“雕花”般的设计。也因此，对设计结果的试验考核方式也需要进行“雕花”般的研究。这种“专事专办”的需求与严重不足的人手形成鲜明矛盾，结构试验的重担压在了佟阳的身上。而作为一个“懒人”，佟阳心中十分抵触这种“专项设计”工作。

“不管多么精细的雕花，成品都是花，试验方式一定也有相通之处。”佟阳说。考虑到各型的零件之间存在一定的传承性与相通性，她从结构设计形式与试验载荷形式两方面总结了试验的相同及不同之处，并考虑后期可能发生更改，设计了多套通用试验工装并形成了特定试验方法。比如，无人机主翼梁与无人机机身的结构形式完全不同，但究其载荷工况可以统一为悬臂梁试验。就像桃花和向日葵形态完全不同，测试它们抗风能力时都是固定住花朵，再对着它们吹风，区别不过是桃花固定在枝条上，而向日葵固定在花茎上。

采用这种理念，她设计的通用试验工装不仅满足了当时的试验需求，解决了试验多但人手不足的问题，设计结果形成了多项专利并在后续的型号及某重大项目中依然适用。

“懒”出桨叶优化设计

螺旋桨是无人机的重要组成部分，由中心轴和围绕轴排列的多个桨叶组成，简单来说，就像是一个旋转的“风车”，当它快速旋转时，会在空气中产生一股向前的力，这个力就是推动飞机前进的动力。因此，桨叶的设计至关重要。

桨叶的形状和角度都是经过精心设计的，如何更高效地“切割”空气，让旋转的“风车”产生更大的推力，是空气动力专业人员的设计目标；而如何在满足“风车”外形的限制下，设计出更轻、更强的桨叶结构，则是结构专业人员的工作主题。

经过调研，最终选择了碳纤维材料，采用隔框结构作为桨叶内部支撑，就像一个具有复杂外形的建筑物，通过对内部每一个“房间”的设计，组成了坚固的整体。而“内部房间”的面积分配有众多可能，“房间墙体”的厚度也有很多选择。面对繁重的工作量，佟阳的“懒病”又发作了，她想到了计算机程序。通过分析桨叶的受力形式，先进行了变量的初步筛选，确定这个异形“建筑物”有几层楼，每层有几个“房间”，将“房间墙体厚度”作为变量，以强度为约束条件，以重量为优化目标编写优化设计程序。多轮调试后，终于得到了优化设计结果。根据设计结果，进行桨叶实物的试制及试验，桨叶结构满足要求，并已应用在某型太阳能无人机上。

佟阳与同事交流

“懒”出桁架建模程序

佟阳的工作内容是随着型号项目发展的前进而不断变化的，随着新型号结构研制要求的到来，她加入了某型无人机结构设计团队，独立负责机身结构设计。

太阳能无人机机身采用桁架结构，涉及零件数百种。面对这大量且时间紧迫的结构建模工作，佟阳再一次“犯懒了”。“桁架的结构形式具有鲜明的特点及重复性，重复性的工作能不能交给机器做”，她这样想着并将目光转向了宏程序设计。

桁架机身涉及零件众多，但可以根据结构形式分门别类，每类零件只需要确定对应参数即可。通过分析归纳，提取设计输入；将自己比作机器，设计建模流程；善用循环语句，批量绘制零件。就这样，桁架机身自动建模程序诞生了，设计输入确定后运行程序，不到 10 分钟即可完成整体机身自动建模，将“周”级的工作时间降低至“天”级，极大提升了工作效率。该程序使用至今，屡次在人少活多的情况下发挥作用。

因时代的发展，每一代人都有其独特的成长环境，也造就了其独特的特点与优势。佟阳作为一个典型的“90 后懒人”，深知不能用战术上的勤奋掩盖战略上的懒惰，创新来自直面问题并解决问题。技术攻关的路上困难重重，山重水复疑无路，柳暗花明又一村。在一个个发现问题解决问题的过程中，佟阳不仅在能力上得到了锻炼，更重要的是坚定了“办法总比困难多”的信念，相信自己可以做到，并且在未来可以做得更好。

打造高精“温度计” 开创测温新纪元

高超声速气动热环境测量技术研究团队，来自中国航天空气动力技术研究院空气动力研究所，团队成员共18人，平均年龄34岁，主要从事气动热环境地面风洞试验技术研究，参与了我国探月工程、火星探测等多项国家重大工程任务。先后获得国防科技进步奖1项、国防科技发明奖1项、集团公司科技进步奖2项、中国空气动力学会科技进步奖1项、中国专利优秀奖、集团公司创新团队等多项荣誉。

风洞试验是开展气动热环境研究的重要手段。随着高超声速技术的快速发展，飞行器外形愈加复杂，气动热问题更加突出。高超声速气动热环境测量技术研究团队始终坚持自主创新，勇攀技术高峰，建立了飞行器点面结合热环境综合测量技术体系，在一体化热电偶、高性能温敏材料、先进图像处理及高精度热流辨识方法等方面取得关键性突破，在国内首次实现气动热环境高精度大面积分布式测量，实现了热环境测量从二维到三维的技术跨越，热流测量精度达到国际先进水平。

团队合影

从“二维面”到“三维体”，从“冷风洞”到“热风洞”

传统的热流测量技术，传感器尺寸大，只能获得离散点的热流数据，空间分辨率低，难以满足新型飞行器的测量需求。团队经过多年技术攻关，在温敏材料、图像处理及热流辨识方法等方面取得关键性突破，建立了磷光热图技术，在国内首次实现了热环境测量由点到面的突破，“温度地图”的空间分辨率达到亚毫米量级，在空间分辨率方面获得较大提升。

在此基础上，团队推陈出新，提出了飞行器三维热流密度分布测量新方法，发明了高精度圆点识别、基于真实模型的三维映射新技术，实现了“温度地图”由“二维面”到“三维体”的技术跨越。空间映射精度优于微米量级，实现了单次试验三维空间热流数据获取，试验效率提高 2~3 倍，适用来流总温实现了由“冷风洞”（总温 1000 K 量级）到“热风洞”（总温 5000 K 量级）的突破，形成了以磷光热图技术为核心的具有自主知识产权的气动热环境高精度面测量技术体系。

“穿针引线”完善热图细节

热电偶技术是温度测量的“可靠伴侣”。由两种不同材料制成的热电偶在接触点温度变化时，会产生与温度变化成正比的电动势，通过测量这种电动势，可以精准捕获温度数据。

由于以往的热电偶在时空分辨率、耐温范围和耐冲刷性方面已无法满足新型高速飞行器气动热环境测量需求，团队紧跟时代需要，开拓进取，建立了一体式热电偶测量技术，该技术具有测点小、空间分辨率高的特点，在航天飞行器复杂区域热流测量方面具有显著技术优势。

团队进行实验设备调试

该传感器制作的关键环节是将直径 0.2 毫米的漆包线穿入直径 $0.2_{0}^{0.01}$毫米的微小孔中，制作过程中既要保证绝缘层不被损坏，又要保证两者紧密配合，整个过程被喻为风洞试验的“穿针引线”。

团队认真钻研，不断尝试，通过引入导引段，使一次性制作成功率达到 90% 以上，显著提高了工作效率，同时实现了间隔 0.5 毫米微小空间阵列测点布置，解决了局部区域的热环境密集测量的技术难题。

珠联璧合双向奔赴，打造测热新纪元

团队以磷光热图技术和一体式热电偶技术为核心，开启了气动热高精度时空测量新纪元。将磷光热图技术与热电偶测热技术强强联合，不仅提升了

年轻团队成员向老同志请教问题

热流密度测量精度，还带来了极致的温度解析，为高速飞行器装上了一双“精准的温度计”。

通过“点面”结合，既实现了飞行器表面热环境的全面测量，又实现了如舵轴、凸起物、前缘等关键部件的热流测量。该测量技术在国家重大工程、型号和基础科研项目中得到广泛应用，为飞行器热防护设计及气动外形优化提供了关键试验数据支撑，近 5 年经济效益达到 1.1 亿元以上，产生了重大社会效益。相关成果授权专利 23 项，软件著作权 1 项，制定技术标准 1 项。

每一代航天人都是航天精神的践行者。面对未知，团队有追求真理的执着，敢于突破常规、追逐梦想的勇气，每一次的成功与失败都是他们不断前行、锤炼意志的见证。未来，团队会继续砥砺前行，不断追求科技边界和创新极限，严谨细致、团结协作，助推中国航天事业高质量发展。

青春为卫星智慧运控服务绽放

测控青年创新团队，来自中国卫通卫星测控中心，团队成员共39人，其中青年占64%，主要从事卫星在轨管理工作，目前管理着12颗地球同步轨道大容量通信卫星，并肩负着广播电视安全播出的政治使命。在筑牢卫星安全底线的基础上，团队积极开展测控技术创新研发工作，自主研发了国内首个多星统一测控平台、中星26号卫星信关站网管及载波监测系统、天线精轨引导系统等多套专业测控系统。团队先后荣获中央企业先进集体、国庆70周年庆祝活动保障工作先进集体、建党100周年庆祝活动保障工作先进集体等省部级奖项和多次集团公司级荣誉称号，多星统一测控平台荣获集团公司科学技术进步奖二等奖，被认定为“在国内航天测控领域首次实现工程化应用，总体技术达到国际先进、国内领先”。

在中国卫通有这么一支朝气蓬勃的测控青年创新团队，他们肩负着卫星运营国家队和国家一类应急通信专业保障队伍的职责使命，以青春为笔，以智慧为墨，自主研发出国内首个多星统一测控平台，书写了智慧运控服务的责任与荣光。

团队合影

星辰征途，唯改革创新者胜

多年来，团队一直高质量负责卫星在轨管理工作，但随着卫星数量不断增加，地面测控系统规模也逐渐庞大，摆在眼前的是一个新的课题——过往“发射一颗新卫星，建设一套测控系统”的模式，在如今数十颗卫星并行管理时，逐渐暴露出人员操作工作负荷大、地面测控系统建设和运维成本高、地面资源使用效率低、系统互备能力差等诸多问题。显然，原有的卫星测控系统建设模式很难满足卫星通信行业新发展的要求。

“只有模式变革、技术创新，才能找到出路。”团队清醒地意识到，要跳出“舒适区”，不仅是思维破除窠臼，还是能力的巨大挑战。在公司领导、专家带领团队反复调研论证后，提出“数字化转型、平台化运营”的新思路。团队明确了通过平台化打破传统模式，研发“从单星孤立测控到多星并行智控”的新型运控模式，并迅速在2019年推动“多星统一测控平台”正式立项。

700日夜鏖战，平台扬帆启航

理想是丰满的，但实现要经历一条充满荆棘的变革之路。经验的青涩与先例的空白，使团队仿佛置身一片未知的海域，没有海图，没有灯塔。

按照计划，两年后中星 9B 卫星发射，之后就要纳入平台化管理，时间紧迫如悬剑，倒逼团队从零开始，锚定不啃下硬骨头不罢休的决心，瞄准“问题导向、需求牵引”，将庞大的平台设计拆解成一块块可攻克的礁石，向着实际应用中的痛点难点航行。

面对人员短缺，他们以一当十，日夜奋战；面对经验不足，他们敢想敢干，点燃创新火花。

平台部署测试工作场景

然而挑战还是接踵而至，中星 9B 发射计划提前了！这给原本就紧张的研发进度又拧紧了发条。所有工作根据新节点重排，团队开足马力，分秒必争。严控周内工作完成情况，分解细化工作项，主动加班加点，边研制、边测试、边上线，每一步都走得既快又稳。

考虑到中星 9B 作为东 4E 首发星，团队更是倾注了更多的心血与智慧，优先上线技术状态相近的其他卫星，对平台进行充分实战验证与改进，同时加强平台操作的管理与培训，为卫星测控工作打下坚实的基础。

还有一个严峻的问题考验着团队，作为首次承接任务的多星统一测控平台，缺乏备份系统作为保障。这种只能成功、没有退路的责任，像千斤巨鼎压得团队每一步都走得如履薄冰。通过集智攻关，团队想出了对策，利用在轨卫星提前登上平台进行磨合，让新旧系统并行运转，在这一过程中及时解决及优化平台问题近 500 项，为后续承接新卫星任务筑起了坚实的安全防线。

在团队的共同努力下，经过 700 多个日夜的不懈奋斗，2021 年，终于迎来了国内首创的多星统一测控平台 1.0 版成功上线。同年 9 月，中星 9B 成功进入预定轨道，此时经过不断优化调整的平台顺利承接了新卫星的测控工作，圆满完成了首秀。

挺膺担当，星光不负赶路人

多星统一测控平台是测控青年创新团队激情与智慧的结晶，首创卫星云测控设计、混合动力卫星轨控与多测站调度、资源池化管理方法，为测控插上自动化与智能化之翼。

平台启用以来，每颗卫星节省高达千万元建设运维成本，同时提高了测控精度，实现效率与成本的双重优化。

卫星测控管理工作场景

目前，平台测控管理星队承载了 200 余套电视节目和近 400 套数字音频广播，以更稳定的任务执行能力，更可靠的资源保障能力，更及时的应急处置能力，圆满完成了党的二十届三中全会、党的二十大、北京冬奥会等历次重要安播保障任务。

平台实现了卫星测控任务全面自动化和地面系统集约式管理，也为后续提供高质量测控运行服务提供了无限可能。未来，团队将继续坚持创新驱动、合作共赢的发展理念，以勇往直前的闯劲和攻坚克难的韧劲，朝着打造世界一流卫星通信产业龙头企业的目标砥砺奋进，努力为航天事业发展作出更大贡献。

航天创新引领国产卫星激光定标技术突破

陆地观测卫星遥感定标团队，来自中国资源卫星应用中心，团队成员共9人，其中青年占67%，主要从事航天遥感卫星光学、激光、微波等载荷定标技术攻关与工程化实现工作，参与了高分专项（民用部分）地面处理系统定标检校分系统第二批研制项目、国家民用空间基础设施“十二五”“十三五”“十四五”陆地观测卫星定标场网项目等重大项目激光载荷定标任务。曾获集团公司六好班组、集团公司工人先锋队、集团公司青年文明号、中国标准创新贡献奖二等奖、测绘科学技术奖二等奖、地理信息科技进步奖一等奖、地理信息科技进步奖二等奖、2023年度中国遥感优秀成果一等奖等荣誉，相关事迹入选第六届中央企业优秀故事创作展示活动。

敢于承担、勇于创新是他们克难攻坚的精神支柱；从困顿中觅路、在探索中求精是他们持续推进的动力引擎。以探天索地的执着与毅力，攻克卫星激光定标“高精尖”难题。无经验可循，他们突破传统预报瓶颈，创新实现十米级事前点位预报精度，在国产卫星激光定标技术领域镌刻了坚实的征程印迹。

团队合影

定标攻坚，开启“破难”之旅

高分七号、陆地生态系统碳监测卫星、大气环境监测卫星等均搭载了新型激光雷达载荷，为陆地观测卫星地面高效、高精度定标与处理带来了新的挑战。面对国产卫星新型平台特点和新体制激光雷达观测模式，如何突破定标难题，确保卫星发射及在轨运行期间的高精度定标，成为亟待解决的难题。

关键时刻，资源卫星中心一支青年团队挺身而出。他们齐心协力，开启了一场激光定标的“破难”之旅，誓要在这一领域谱写新的篇章。

迷雾中的光斑：点位预报之难

激光载荷定标过程中，点位预报的难题如同迷雾中的暗礁，悄然潜伏在他们前行的路上。极高的指标让团队成员面临前所未有的挑战，为了满足后续处理的高要求，必须将探测器的点间距控制在 5 米以内，但探测器数量有限，铺设范围仅能覆盖百米量级。传统预报方法精度不足，一旦预报位置出现丝毫偏差，就如同在迷雾中迷失了方向，意味着近百人的辛勤努力将付诸东流。

迷雾重重寻新径，柳暗花明见曙光

面对重重困难，团队成员勇于解放思想，积极交流碰撞，协同创新，会上纷纷建言献策。有人提出："在空间动力学领域，存在更高精度的轨道预报方法，我们可以尝试引入，并结合我们的实际需求进行改进。比如，我们可以考虑光学卫星的偏流角，对动力学模型进行改进，并根据定轨数据实时调整模型参数，这样必定能提升轨道预报的精度。"

又有人补充道："激光指向角同样是预报的关键参数，其准确性至关重要。1 角秒的误差就会导致 2.5 米的平面误差。而卫星升空后，环境因素的改变将使实验室测量的参数发生上百角秒的变化，进而带来 500 米以上的平面误差，这是我们不能忽视的。"

"然而，激光并不成像，我们无法直接从数据中直观地看出激光的落点，这无疑增加了预测指向角的难度。"有人提出了疑问。

"但我们可以利用激光数据计算地面高程值，或许可以尝试使用 DEM 数据进行匹配，从而预测指向角。"有人提出了一个创新

激光探测器铺设工作现场

的思路。

在这样的思想碰撞下，团队成员经过为期三个月的大量试验、数据分析，以及无数次的模型优化与算法迭代，终于突破重重迷雾，确定了一套全新的激光点位预测技术方案。这一方案如同曙光初现，为团队的后续工作指明了方向。

心之所向，终至所归

在激光定标的首次试验任务中，团队依据精确计算的激光点位，周密部署了一张既精准又密集的激光探测器网络，探测器间距被严格控制在 5 米，宛如在地面上铺开了一张等待捕捉光斑的精密“蛛网”。全员屏息以待，紧张地注视着天空，期待着卫星过境。

探测器阵列图

终于，那一刻来临，卫星如同天际的流星般掠过，它发射出的一束微弱而精确的激光光斑，在瞬间被地面的探测器精准捕捉并稳定锁定。那一刻，整个团队都沸腾了，欢呼声、掌声此起彼伏，他们用不懈的努力成功完成了任务。

破茧成蝶，筑梦航天新篇章

在团队的不懈奋斗下，自主研发的激光点位预报系统在高分七号卫星在轨定标任务中大放异彩，事前预测精度远超常规技术水平。他们将该方法成功应用于大气环境监测卫星等多个型号的激光定标任务中，实现了预报成功率百分之百。

激光定标任务的成功实施，是我国航天领域激光点位预测技术的一次重大飞跃。这一切的起点，正是那个曾被视为不可能完成的任务，以及一群永不言败的航天追梦人。他们将继续扬帆起航，勇往直前，奋力攀登新的科技高峰，将航天精神的光芒洒满每一个角落，不断书写航天事业的辉煌新篇章！

DF-17
DF-17
DF-17
ZL103
ZL104

青创赋能　打造关键产品

要加快推动关键技术、核心产品迭代升级和新技术智慧赋能。

青年智造　航天超脑的创新征途

航天超脑团队，来自中国运载火箭技术研究院中国运载火箭技术研究院第一设计部，团队成员共10人，其中青年人占90%，主要从事指挥信息系统、地面测发控系统、健康管理系统研究，参与某重点指控项目、海南商业发射场项目、长征八号、长征二号F等运载型号及多项武器型号的研制，曾获院第一届“先锋杯”青年创新大赛一等奖。

中国航天历经六十余年的辉煌发展，期间产生的知识和数据是最宝贵的财富之一。中国运载火箭技术研究院第一设计部作为我国航天事业的总体设计单位，拥有非常丰富的型号全生命周期设计文档和最原始的全量试验数据，经过数十年的积累亟待挖掘整理与综合利用。航天超脑智能团队面向时代需求，勇担时代责任，以奋勇争先的拼搏精神，打造了一款以航天领域大模型为核心、集成一系列前沿算法的自研智能产品——“航天超脑”。

梦想起航——青春铸就航天超脑

“航天超脑”聚焦航天发射场智慧测发、装备临机决策与综合运维、航天队伍培训与设计辅助三大应用场景，为用户提供知识获取、数据分析、报

团队合影

告拟制、隐患挖掘、任务规划、值班运维、文旅互动等数项信息增值服务。“航天超脑”不仅仅是一次技术试验，更是一次利用前沿信息技术对航天系统工程理论的创新实践。

航天超脑青年团队是一群对航天充满热情的创新者。在一次次不眠的夜晚，进行了一场场激情澎湃的头脑风暴。“能否将大模型和航天知识结合，打造面向航天业务需求的智能助手”。这个点子如同一颗新星在他们心中升起，照亮了他们前进的道路。

智慧翱翔——青春创新实践之旅

“航天超脑”项目的旅程并非一帆风顺，创新在航天是一项机遇与挑战并存的事业，要从技术上突破关键难题、从实践中落地开发产品、从展示中传播创新精神。

创新之光

“航天超脑”项目初期，团队面临如何将人工智能技术与航天领域专业知识有效结合的挑战。这不仅是技术的挑战，更是对传统航天工程思维的一次颠覆，是一种全新的思维方式和工作模式。

团队的创新点子首先是利用各级创新大赛这个平台，通过同行业的技术比拼突破技术难关，通过专家的专业点评来验证项目价值。在国资委中央企业熠星创新创意大赛和院先锋杯比赛中，时间紧迫和资源有限的双重压力压在团队每个成员的肩膀上。

在比赛过程中，团队成员经常工作到深夜，万籁俱寂的夜里，办公室的一盏灯点燃的是他们的热情和对成功的渴望。功夫不负有心人，航天超脑团队最终在比赛中荣获一等奖。

航天超脑智能团队荣获院“先锋杯”一等奖

实践之桥

依托竞赛的实践经历，团队开始追求在项目中真实落地，在实际应用中证明人工智能赋能航天知识的价值。

远程测试大厅保障任务是“航天超脑”应用的起点。这次任务对团队的技术实力和应变能力提出了更高的要求。团队成员不论什么时间，都迅速响应积极反馈，废寝忘食，不断测试和调试，最终确保了“航天超脑”在测试大厅的平稳运行。

“航天超脑”赋能商业发射场智慧化建设是项目的一个重要里程碑。在这一过程中，团队面临着如何将技术成果转化为实际应用价值的挑战。团队以惊人的耐心、合适的策略和持续的努力，成功支撑了“航天超脑”在商业发射场的联调装配。

传播之翼

航天超脑智能团队的一系列成绩有目共睹，人工智能在航天领域的关注程度也日益加深。

团队负责人作为团队代言人，在所内开展人工智能科普讲座，以通俗易懂的语言和生动的案例，将复杂的技术概念讲解得清晰明了。他的讲座不仅吸引了众多同事参与，更重要的是，他激发了同事对人工智能技术的兴趣和探索精神，让新技术的种子在每个人的心中生根发芽。

在所内一次产品展出中，团队成员全身心投入准备工作，从展台设计到展示内容，精心设计每一个细节。团队成员不仅展示了“航天超脑”项目的最新成果，还通过互动体验和多媒体展示，让参观者直观地感受到人工智能在航天领域的实际应用和巨大潜力，吸引了大量观众的目光。

人工智能技术交流

星辰大海——青春成就启示未来

“航天超脑”项目的成功激发了航天青年对人工智能技术的探索和实践，推动了人工智能在航天领域的技术探索和创新发展。

航天超脑青年团队将他们对技术的热爱、对创新的追求和对梦想的执着，转化为推动航天事业前进的强大动力。创新思维和不懈努力是青年团队的两把利刃，是将一个大胆的想法转化为现实的砖瓦，“航天超脑”不仅是他们智慧的结晶，更是他们对未来的承诺。

“航天超脑”项目是一个榜样，鼓励航天人继续在科技创新的道路上勇往直前。让我们携手并进，以青春的热情和智慧，用智能技术共同开启人类探索宇宙的新篇章！

用成功回答价值　用热血回馈青春

某光学新体系集成验证团队，来自中国运载火箭技术研究院北京航天长征飞行器研究所，团队成员共55人，其中青年人占70.9%，主要从事光电新体系前沿技术研究，曾获集团公司科学技术奖一等奖和国防技术发明奖一等奖。

有这样一个团队，他们坚持着自己的初心，数十年如一日开展某方向的原始创新。他们敢于接受高难度的挑战，凭借着不畏困难的勇气，扎实的功底，成功研制了一把“看得见、跟得稳、对得准”的“利器”，为国之利剑保驾护航。这就是北京航天长征飞行器研究所某光学新体系集成验证团队。

在漫长的科研征途上，这个团队像精雕细琢的匠人，一步一个脚印。他们率先应用某先进光学体制，成功研制并系统验证了一种全新体系方法，部分单机性能指标更是达到了国际顶尖水平。这一创举，如同从沉寂的守卫转变为勇敢的突击，实现了从无到有的惊人转变。他们的创新就像是一股清新的风，带来了原始而革命性的变革，为我国的技术版图填补了一块重要的空白。该项目被评为集团公司十大创新项目，获得2022年度国防技术发明奖一等奖。

团队合影

坚毅奋战，抢占技术先锋

由于是一种全新的概念，项目一直受到多方质疑。受限于环境条件、设计能力等诸多因素，世界上还未有过实际案例。团队面临的技术跨度大，成熟度低，可谓艰难无比。

面对极其复杂的识别场景，找到目标宛如大海捞针。没有条件就创造条件，团队通过调研大量文献，主动请教领域专家，数百次迭代分析与验证，从体制、平台、算法、软件等各个方面，完善出切实可行的方案，最终为我们利器加装上了“千里眼”，即便是几千千米外的点点星火，也能快速有效地检出。“眼疾手快”的程度有多精准？就如同观测数百千米外的一只飘忽不定的羽毛球，实时锁定并精准描绘其飞行轨迹。团队用自己的拼搏和努力，让系统真正做到了在不同工作场景下都能眼里有数、手里有招。

经过团队夜以继日的设计调整，最终攻克了多项关键技术，打破了技术僵局，在保证高能量输出条件下，整机质量缩减近 20%，队员脸上终于露出久违的笑容。

青年共进，勇攀创新高峰

这个青年占比高达 70% 的创新团队，每个人都是一面旗帜，共同组成了一支勇攀创新高峰的青年力量。飞行器总体王世林，这位“思维开拓者”，创新性地提出某虚拟坐标系和某质心动态配平公式，显著提升飞行器精度，实现里程碑式的突破。见华，被誉为“算法与硬件的双刃剑”，在全新平台上，他凭借卓越的学习能力和理论基础，完成关键算法的开发，迅速成为团队的技术标杆。金朋，作为“多面手”的典范，承担着集成二十余种单机的重任，难度空前，但他不言苦累，勇闯难关。欣丰，“电子技术创新的先锋”，在严苛条件下，他推动了电气系统的跨代发展，牵头组织完成多项大型试验，确保首飞圆满成功。他们如同夜空中耀眼的星辰，映射出团队中的一角辉煌，在这片星海里，璀璨之光随处可见。

这支青年团队以共进的精神，不断挑战极限，以科技创新推动航天事业的发展。他们的故事，是力量与智慧的交响，是青春与梦想的赞歌。

团队青年在头脑风暴

勇夺胜利，付出终有回报

在最紧张、最艰难的飞行试验前夕，团队上下摆出了“不夺胜利、誓不罢休”的猛虎下山之势，统筹联动、多线并行、精诚协作，最终确保飞行试验取得圆满成功。

成功的喜讯快速传播开来，一直密切关注本项目进展的各级领导、同志们长舒了一口气。“很有意义，紧前推进，尽早完成应用。”用户首长给予了高度评价，并三次点名赞扬团队管理得好、完成得好、总结得好。

该团队从提出概念，到2016年完成第一次搭载上天验证，到2020年完成飞行试验验证，并最终实现成果转化应用，十年磨一剑，挥洒了一代航天人的青春和汗水。项目的成功，是我国在光学新体系的里程碑节点，也是全新的起点，对未来技术能力持续提升具有重要意义，也为后续研制工作提供了宝贵经验。

团队青年在试验场房

科技创新之路没有尽头。一代代航天人仍将发扬敢打敢拼、能打胜仗的奋斗精神，前赴后继、赓续奋斗，继续踏上新的征程，努力作出更大贡献。

用航天品质铸造国产雪车

国产雪车研制团队，来自中国运载火箭技术研究院航天材料及工艺研究所，团队成员共100人，35岁以下青年占60%，主要从事树脂基结构复合材料技术研究，先后参与神舟飞船、嫦娥五号、嫦娥六号、天问一号、新一代载人运载火箭等国家重大工程任务，曾获国防技术发明奖2项、北京市科学技术奖二等奖1项、集团公司科学技术进步奖2项。

勇挑重担、敢想敢为是他们攻坚克难的精神底色，从无到有、从有到优是他们不断前行的动力源泉。以造火箭的决心和气魄、材料及工艺，突破冰雪运动装备“卡脖子”技术，打破国际垄断，填补国内空白，以青春奋斗之姿走出了国产雪车研制的铿锵步伐。

定下目标，开启“破冰”之战

雪车在我国属于小众运动项目，一个重要的原因就是：国内无法制造专用雪车。2016 年，中国正式成立雪车队。从借车参赛，到购买国外产品，相较使用定制雪车的欧美强队，我们毫无优势。

2017 年，国家体育总局的到来，让看似毫不相关的两个领域碰撞出了火

团队合影

花，“造中国人自己的雪车！”。

说干就干，2019 年年初，科技冬奥项目申报指南发布，航天材料及工艺研究所迅速组建攻关团队，瞄准复合材料雪车，参照航天级研制标准实施“两总制”，把关技术、质量、进度。团队设六个小组百余人，平均年龄仅有 31 岁，这支青年团队开启了一场冰雪运动的“破冰”之战。

揭开面纱，从“无”到“有”

知己知彼，方能百战百胜。研制之初，国内没有专业雪车赛道，没有技术资料，甚至找不出一台合格的参赛雪车。团队成员经多方奔走，终于从国外引进了一台退役雪车。

雪车到达车间的第一时间，团队负责人周宇马上召集各小组“解剖麻雀”。

“做中国人自己的雪车，就要拿出造火箭的决心和气魄。”设计、材料、工艺，必须全面吃透，经过几个通宵的忙碌，初步方案有了眉目。

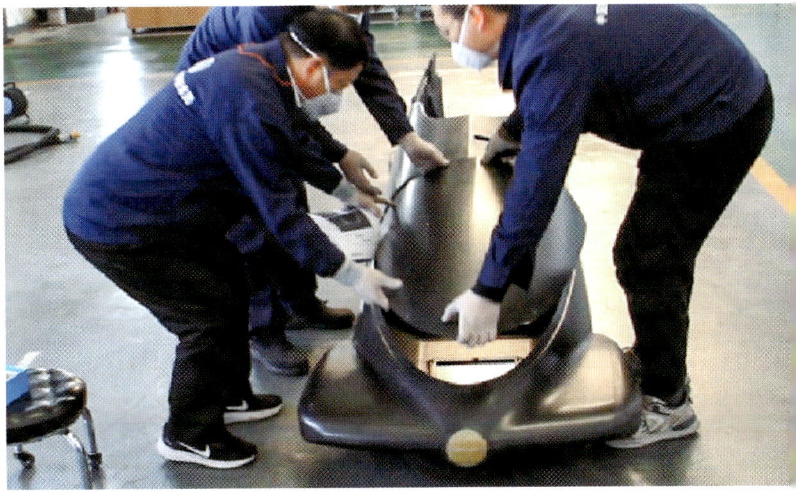

一代雪车研制现场

接下来的几个月，青年们不断“跨界”挑战，先后完成了雪车气动外形设计优化，新型碳纤维复合材料研制，结构整体成型新工艺开发。

高安全、低风阻，适应日常训练及比赛工况……伴随一项项新技术、新工艺的突破，2021 年 1 月，第一代国产雪车揭开神秘面纱。经测试，其风阻系数较同类产品降低 8%，对提升比赛成绩至关重要。

精益求精，从“有”到“优”

第一代雪车通过阶段评审，优势明显，但还有不足，底盘结构、操控性能、人机尺寸等均有待优化。“一定要尽全力保护运动员安全！”这是国家命令，更是航天青年的使命。

专业的人干专业的事。在上级支持下，航天材料及工艺研究所与一汽集团成立联合攻关组，以“安全可靠、人机操控和气动减阻”为重点，进行第二代雪车研制攻关。

车身碳纤维的铺贴类似为手机“贴膜”，所用单丝直径只有头发丝的十分之一。因雪车滑行中各部位的承载差异，不同部位铺贴厚度从十几层到几十层不等，导致全车铺贴困难重重。

航天事业是“万人一杆枪”，攻关中，青年人弘扬航天精神，心往一处想、劲往一处使，铺贴、加热加压、固化成型……技术难关一一攻克。“就是要奔着夺冠的目标去！”大力协同、勇于登攀，“两弹一星”精神指引青年继续前行，在保证速度的前提下，兼顾安全，设计更精，材料性能更高。不同专业的青年人展现出为国报效、责无旁贷的决心。

步履不停，向着“更优”再出发

2023 年 11 月 27 日，北京国家雪车雪橇中心，第三代雪车正式试滑。银白色赛道上，雪车样机飞驰而过，团队成员激动万分，感慨万千。

奋斗不息，创新不止。第三代雪车的研制，历经多次材料试验比对，采用增韧技术，团队制备出高韧性、高抗冲碳纤维材料，引入泡沫夹层结构，

第三代国产雪车交付国家雪车队

降低密度又保持了良好的结构强度。

从结构设计、材料选型到成型工艺，团队不断精进，技术钻研得更深了、方案推敲得更细了，也因此“炼”就了新一代雪车更轻质、更舒适、更安全的性能。相比第二代，新一代雪车质量减少 10 千克，风阻系数降低 13%，整体性能优于国家队现役雪车，中国雪车装备进入新纪元。

雪车的成功研制，是航天科技应用转化、航天青年接续奋斗的集中体现，更是航天精神引领科技创新、服务社会的生动实践。站在新起点，航天材料及工艺研究所将锚定目标、加压奋进，为中国雪车驰骋赛场持续注入航天科技的力量。

为航天光学智能感知计算开疆拓土

董斐，1990年5月生，来自中国运载火箭技术研究院北京航天测试计量技术研究所，主要从事智能测评技术和智能光电探测技术相关研究，主持多项相关技术领域国家级项目，2021年参与保障任务，获中央军委科学技术委员会表彰，2023年获集团公司航天创新奖。

34 岁的董斐是多项预研创新项目的负责人，踏上科研之路，他向世界科技前沿、国家重大需求不懈奋进，将光计算技术引入航天，带领团队建立并保持了中国航天在光学智能感知与计算领域的先发优势，为航天光学智能感知计算开疆拓土。

“一辈子总要干成点新的事”

董斐出生在河南省一个小村庄，父母都是村小学的老师，他从小就跟父母住在学校里。五年级时，省市的图书馆捐赠了两三千册图书给学校，董斐每天上完课就钻进图书室。当时有一本关于星际航行的科幻小说，让他印象特别深刻。也许就是在那时，钻研尖端科技、攀登高新技术的志向之火就被点燃了。

董斐

循着这样的志向一路走下来，2014年硕士毕业的董斐加入中国运载火箭技术研究院，成为一名钻研高新航天技术的火箭人。他学习了解的新东西越多，想要在自己的专业“干成点新的事”的想法越强烈。2019年，董斐作为青年骨干被所派往国际空间大学进修，与来自36个国家的航天科技工作者深入交流。调研哪个工程进展最适合用在宇航技术上时，董斐发现光学探测与人工智能结合应用，能对航天技术发展产生更好的推动作用。

18个月将光计算带入航天

“夫夷以近，则游者众；险以远，则至者少。”预研创新之路同样如此。当时董斐没有项目支撑，在领域里也没有什么名气，要想推动立项，一切都需要自己去提、去论，用方案、用实力说话。同事李旭形容董斐的日常，“每天忙得飞起来。”身边人都被他的精神感染了，每天跟他一起高效推进各项任务。光计算建议书出来后，立项还要过五关斩六将。经过多轮汇报审核，最终获得专家们的认可。

创新从来都是九死一生，但我们必须有“亦余心之所善兮，虽九死其犹未悔”的豪情。董斐神情坚定地说，“创新就是在搞新的东西，永远跟不确定性作斗争，如果心里一直想着这个好难，失败了怎么办，创新还怎么能进行得下去！”正是秉持着这种坚持不懈、勇攀高峰的精神，他用18个月完成了方案论证，得到了用户的认可。

董斐参加国际空间大学组织的小火箭项目，团队作品获得最佳外形设计奖

6个月展示样机获用户认可

成功立项了，董斐更忙了。用户迫切地想见到应用效果，董斐要带队在6个月内完成第一阶段展示样机研制，如果产品性能达到预期，他们将拿到第二阶段的研制经费，推动光计算技术再上一个台阶。董斐连犹豫的时间都没有，作为新技术应用的提出者及项目负责人，董斐进行了全面统筹。研制样机、仿真试验、跑通流程、采集数据，他带领大家一起干，始终冲在第一线，连节假日也不放过。

董斐带领团队开展核心技术攻关

最难的还是在疫情的影响下推进进度。当时核心器件制备厂房所在地管控严格，生产线一度停工。董斐穷尽所有协调办

法，一边联系厂家，一边调整方案，将能先做的工作先开展，最终赶在用户规定期限内，高水平完成了展示样机。董斐的努力和付出，打动了很多人。年纪轻轻，头发都快全白了。青丝换白发，奋斗换成功，不断创新沉淀了智慧，也见证了他风雨兼程。

扎根光计算应用沃土

创新不是简单的突破，更要有实际的应用。2022 年，光计算技术和产品迎来了一次更上一层楼的机会。某重点项目指南发布，董斐带着光计算技术方案和团队逆袭夺标。竞标对手实力强大，在该领域属于绝对权威。最初大家都觉得这几乎是不可能完成的任务。

路虽远，行则将至；事虽难，做则必成。“竞争对手把论文发在国际顶级期刊上，中国航天人是把论文发表在祖国的大地上和天空中。”“不要面对强大对手就退却，想想当年我们共产党在井冈山在面临那么悬殊的差距时，如何一步步从弱小走向强大的。”在所领导的鼓励下，董斐燃起斗志。竞标团队最终在评审会场脱颖而出，一举获批独家承担，让航天科技集团在光计算应用领域占据优势地位。

董斐在进行产品调试工作

“技术创新，是我要干一辈子的事业。”创新只有起点，没有终点。成绩的不断取得是鼓励更是鞭策，用持续的守正创新，推动航天强国建设和世界一流军队建设，实现数字化、信息化、智能化融合发展，董斐矢志不渝。

创新攻关　氢动未来

氢能创新攻关青年团队，来自中国运载火箭技术研究院北京航天发射技术研究所，团队成员共12人，其中青年人占60%以上，主要从事液氢制储运加产业链系列产品研制，助力国家“双碳”能源战略转型与航天强国建设，曾获院“先锋杯”青年创新大赛二等奖。

立足低温行业，瞄准氢能领域，氢能创新攻关青年团队持续开展液氢制储运加产业链系列“卡脖子”产品研制，突破了关键系统和核心单机的多项关键技术，助力国家“双碳”能源战略转型与航天强国建设。团队参与了4项国资委、北京市科委、院、所等各级研发项目，获得经费支撑约6280万元。团队重点聚焦国资委项目45 MPa液氢增压泵技术攻关，同时开展膨胀机、加氢枪、液氢潜液泵等新产品研制研发任务，推进无人机供氢系统等液氢示范场景应用，提高了我国液氢制取、应用及加注设备自主研发水平，降低“卡脖子”风险。

从0到1成百上千次锤炼

面对国外进口膨胀机“卡脖子”困境，氢能创新攻关青年团队毅然坚定

团队合影

地选择攻关膨胀机研制，实现国产化自主可控。透平膨胀机是一种类似泵的高速旋转流体机械，高速旋转随即带来的是叶轮设计、轴承设计、总体匹配等多项难题，开发难度大、可借鉴经验少。值得一提的是，轴旋转间隙只有几根头发丝大小，要想高速稳定运行，轴抖都不能抖一下！这是名副其实的“硬骨头”。为了啃下这块“硬骨头”，青年突击队发挥“特别能攻关”的航天精神，在会议室里头脑风暴，在工位上仿真计算，在车间里试验调试……到处都留下了队员们忙碌的身影。

最开始测试时，可以说是两眼一抹黑，连怎么失败的都不知道，但是大家越挫越勇，一次次爬起来，一点点摸索机理，先后优化迭代设计近百轮，终于突破了高速气浮轴承、高效喷嘴、高效叶轮设计等多项关键技术，转速高达 13.5 万转每分，膨胀机能够连续稳定运行 12 小时以上，出口温度可降至氢液化温度 -253℃，整机效率高达 77%。

此项成果荣获了院首届青年创新大赛二等奖，实现了核心技术自主可控，达到国内行业领先水平！

开拓市场，需求创新两手抓

氢能创新攻关青年团队通过大量调研工作，抓准车载液氢瓶加注的需求，

氢能创新攻关青年团队进行氦透平膨胀机测试

通过理论计算和仿真模拟，设计了撬装式液氢加注系统方案，实现了液氢大流量输送、精确计量、安全加注等功能，形成了高效漏热控制、可靠低温密封、精确计量的加注系统，填补目前民用市场液氢加注系统空白。

团队依据加注系统方案需求，开展了液氢潜液泵和液氢加氢枪关键样机研制。由于样机创新性强、可参考经验较少的特点。他们赶进度、巧协调、破难关，将理论设计和试验调试有机结合，并自主设计搭建单机的低温性能测试试验平台，完成了几十次低温试验，并形成一套完备的测试试验技术和方法。

团队抓准市场需求，大胆创新，步履坚定而有力，一次次突破关键技术，成功研制液氢潜液泵和液氢加氢枪关键单机，申报的《汽车用液氢加注装置》团体标准正在发布进行中，液氢储运加领域取得重大突破。

从面到点，优势放大的抉择

氢能产业群方兴未艾，技术链路不断推陈出新，相关产品不可计数。对于成立仅 2 年、成员仅 12 人的氢能创新攻关青年团队而言，若将目标定位在全面突破显然是不现实的，也是不理智的。相对地，以“专精特新”小巨人为目标，在细分领域扎牢根基、放大优势，逐步成长为隐形冠军自然而然地成为团队的选择。

面向难题、重点突破，是团队优势的集中放大。所在低温加注方面，具有近四十年的液氢设备设计与保障经验，氢能创新攻关青年团队背靠单位优势资源，立足低温、瞄准液氢，重点凸显团队特色，在氢能产业群中抓取液氢技术链路作为团队研究突破的第一次抉择。液氢技术链路涉及液氢的制取、存储、加注与应用，各个环节中均集成了大量的专用设备，其中以液氢增压泵、膨胀机等为代表的高技术密度产品更是液氢利用国产化发展的“卡脖子”难题。因此，团队在液氢链路中提取关键设备重点突破，成为团队的第二次抉择。目前，经过团队两年艰苦攻关，已经突破膨胀机、潜液泵、加氢枪等关键核心单机设备，氢能创新攻关取得显著成效。

氢能创新攻关青年团队致力于氢能技术攻关，勇当氢能创新先锋，将持续打造成为一支“敢想敢干、迎难而上”的队伍，助力国家实现“双碳”战略转型，为航天强国建设贡献青春力量。

氢能创新攻关青年团队进行氦透平膨胀机测试系统联动试车

卓越青年团队　挑战固体动力巅峰

长征系列运载火箭固体大推力发动机研制团队，来自航天动力技术研究院西安航天动力技术研究所，团队成员共28人，其中青年占68%，主要从事长征系列运载火箭固体大推力发动机设计研究，先后参与了长征系列首型固体运载火箭长征十一号、首型固液混合运载火箭长征六号甲等多项重大研制任务，先后荣获中国青年五四奖章集体、陕西青年五四奖章集体、最美三秦青年科创团队、航天科技创新团队等荣誉。

2015 年 9 月，我国首枚全固体运载火箭长征十一号首飞成功；2019 年 8 月，捷龙一号运载火箭成功首飞；2021 年 10 月，直径 3.5 米、推力 500 吨世界最大推力整体式固体发动机试车成功；2022 年 3 月，我国首枚固体捆绑运载火箭长征六号甲首飞成功；2024 年 1 月，全球起飞推力最大、首型全固体捆绑式运载火箭“引力一号”首飞成功……一系列耀眼的成绩，不断刷新着中国航天的新纪录，也见证着固体动力在宇航运载领域的历史突破。而这背后，闪耀着一支不畏挑战、敢打硬仗的优秀团队——固体大推力发动机研制团队。

团队合影

攻坚克难，挑战极限之巅

固体发动机是宇航运载领域的重要发展方向，美俄欧大型运载火箭均将固体动力作为主要助推动力。而长期以来，我国运载火箭以液体动力为主，固体运载没有可借鉴的经验，能查到的公开资料仅有几张简图和零散的综述，固体运载成为我国航天技术发展的一个盲区。

为适应航天发展趋势，满足运载火箭对大推力高性能固体发动机的需求，所在 2010 年成立固体大推力发动机研制团队。成立以来，团队始终聚焦运载火箭用大型固体动力、载人逃逸动力等技术研究，先后研制成功 35 型发动机，有力保障了多个重点型号的立项研制。

长征十一号固体运载火箭是航天固体动力向宇航运载领域拓展的重要里程碑。团队攻克了我国大推力整体式固体发动机的关键技术，率先完成了 120 吨大推力固体发动机的热试车，直接推动了我国长征十一运载火箭的立项研制。针对需求日趋旺盛的卫星多样化发射市场，团队根据海上发射方案，又攻克了 4 级海况舰船纵横摇摆下药柱结构完整性、喷管结构完整性等技术，保证了长征十一运载火箭发射实现 17 连胜的佳绩。

长征六号甲运载火箭是我国第一型固液混合运载火箭。作为分段式固体发动机的开创者，团队于 2016 年研制出了直径 2 米 2 分段式固体助推发动机，有力推动了长征六号甲运载火箭的成功立项。在我国载人航天伟大工程中，长征系列运载火箭固体大推力发动机研制团队设计的飞船逃逸救生系统固体发动机已参加了 13 次飞行任务，次次不辱使命，被誉为“航天员的生命之塔”。在次次成功的背后，正是固体大推力发动机研制团队勇于担当的责任意识、甘于奉献的工作作风以及快速出色的适应能力，保证了每次任务的圆满成功。

一路风雨，铸就卓越团队

通过近十年的研究和发展，长征系列运载火箭固体大推力发动机研制团队重点围绕大型整体式、分段式固体火箭发动机两条研究主线，不断积极探索、开拓创新，取得了丰硕的科研成果，为促进国防建设、推动行业产业发展作出卓越贡献。

团队于 2021 年研制出了我国首个可工程化应用的直径 3.5 米、推力 500 吨先进整体式固体发动机，并圆满完成了地面热试车考核。该发动机为目前世界上推力和装药量最大的整体式固体发动机，综合性能超越国外最高性能的整体式固体发动机，标志着我国大型固体动力首次达到世界领先水平。

团队研究讨论问题

分段对接是固体发动机实现大型化的重要技术手段。面对国外的技术封锁，分段式固体发动机的技术研究是通过国外几份公开文献、几张公开图片开始的。研制团队相继攻克了发动机分段连接与密封技术、分段式发动机流动稳定性技术、大型发动机药柱完整性技术等一系列核心关键技术，先后完成直径 1 米 /2 分段、2 米 /3 分段、3 米 /2 分段、3.2 米 /3 分段等发动机的研制与地试，形成了我国完全自主可控的大型分段式固体发动机的设计与成型体系。

砥砺前行，追逐星空梦想

航天发展、动力先行，十年的时间，长征系列运载火箭固体大推力发动机研制团队以“为建设航天强国打造强劲动力”为使命，瞄准世界航天发展前沿和我国运载火箭对于大推力高性能固体发动机的需求，自立自强、创新超越。

“青年是创新发展的生力军，以创新为杠杆，可以为固体动力事业创造一个更加可期的未来。”这支平均年龄仅有 35 岁的青年团队，累计获得授权发明专利近 60 项，发表学术论文百余篇，荣获国防科技进步奖、军队科技进步奖等科技类奖项 10 余项。

在打造固体动力长青基业的伟大征程中，他们将坚定航天报国信念，追赶跨越、攻坚克难，以坚守和奉献开创固体运载动力事业发展的崭新篇章，奋力走好新时代长征路。

火箭发射任务试验队出征仪式

成就火炸药与弹药生产技术的颠覆者

声共振混合装备攻关团队，来自航天动力技术研究院湖北航天化学技术研究所，团队成员共12人，青年占75%，博士4人，具备丰富的研发经验与学术科研能力，已成功研制出声共振混合设备系列产品，实现固体推进剂的安全、高效、连续化制备，荣获集团第三届创新创意大赛银奖、湖北省创新创业战略团队A类等。

依托主业，突破传统混合模式

混合装备为所核心装备，其研制的立式混合机经过 30 多年的发展，市占率达 80% 以上。然而，随着时代的发展，各种新式混合方式逐渐出现，无桨安全高效混合成为时代迫切的需求。

在国外技术封锁的情况下，为了满足固体发动机产能需求以及生产安全性需要，所抽调全所精英业务骨干，成立了声共振混合装备攻关团队。在项目之初，团队面临研发风险大、研发资金紧张以及成果指标要求高的压力，但是团队成员不怕困难、迎难而上，在半年后迎来了航天专利基金的支持，随后研发团队便以高效的执行力将计划转化为实际成果。

团队合影

团队大力弘扬和传承航天精神和所“攻坚克难，勇攀高峰”的高能精神，在进行技术难题攻关的同时，一手抓技术创新，一手抓市场开拓，两手并行快速推进项目在民品产业公司落地转化。研发进度不断加快，提前研制出1L-100L声共振混合设备系列产品，混合效率较传统立式混合机提高了3倍，并且可实现原位装药。脉动挤压具有高效除气能力，可以去除固体推进剂中残留的气体，团队利用脉动挤压特殊拓扑转子结构进行物料输送和混合，形成声共振–脉动挤压连续混合系统，实现混合浇注一体化，进一步提高制备效率，减少混合在制量。在工艺上实现优化集成与连续化生产，在混合机理上降低安全隐患，实现安全、高效、连续化制备固体推进剂，从而研制出基于声共振的连续化混合装备技术。

攻坚克难，拓展技术应用场景

在项目启动之初，国内无相关技术资料，项目团队凭借扎实的机械理论、控制理论、数字信号处理功底，建立了基于二自由度的机械共振模型、窄带宽自适应控制模型、振动信号频率处理方法，并通过仿真、样机研制、工程测试、优化多轮迭代，最终构建了具有自主知识产权的声共振混合技术体系，成功研制出 1 kg/1 L、3 kg/3 L、5 kg/10 L、20 kg/20 L、100 kg/100 L 不同混合能力的声共振混合设备，以适用于实验室、小剂量生产、小剂量低密度生产、中试线生产、批量化生产及 3D 打印高性能材料等不同场景。

团队为了打造性能优异、质量可靠的混合工艺装备，核心开发人员主导开展含能材料混合新工艺探索试验，如三组元固体推进剂混合、高能固体推进剂混合、压装 PBX 炸药混合、绝热层混合工艺改进、衬层混合工艺改进、锂电池正极材料混合、医药共晶混合试验等，从设备特点、控制参数、物料属性、混合均匀性等多个维度对声共振混合装备进行优化，依托本项目研制的声共振混合机已用于点火药剂的工程化应用，混合效率提高 5 倍以上。

团队成员进行混合试验

引领发展，推动工艺技术革新

目前，国内固体推进剂主流生产设备是立式混合机，当前采用“一锅烩”

的方式，通过不断提升立式混合机的单机容量保证同一批次固体推进剂性能的稳定性和一致性，其单批次生产能力已经接近极限。此外，在生产高能固体推进剂时，在制量越高，安全风险越大，事故损失越大。

团队始终立足于提高固体推进剂混合过程的本质安全性，从固体推进剂制备全工艺环境通盘考虑，与华南理工大学瞿金平院士合作，通过声共振技术进行高效混合，利用脉动挤压技术进行物料输送和混合除去推进剂中的残留气体，极大降低物料混合过程的风险，真正意义上实现固体推进剂的安全、高效、连续化制备。目前，已将声共振连续混合设备成功推广至清华大学、北京理工大学、国防科技大学、中国工程物理研究院化工材料研究所等高校、科研院所和企业，用户反馈良好，市场规模初步形成。

值得一提的是，声共振混合技术为固体推进剂装药提供了一种更安全高效的混合方式，相关技术能够满足《中国制造 2025》航空航天装备领域对突破重型运载火箭关键技术、有效提升我国自主进入空间能力的需求，有力引领未来技术革新。

团队成员讨论技术方案

天生我“材”必有用　助力固发新动能

航天固体动力新材料研制青年创新团队，来自航天动力技术研究院西安航天复合材料研究所，团队成员共20人，其中青年占75%，主要从事先进航天复合材料相关研究，曾被评为集团公司科技创新团队、陕西省青年五四奖章（集体）等荣誉。

“一代材料，一代装备”，每当一类新材料技术成熟并得到应用时，都会推动新一代装备的出现或现有装备性能的显著提升。有这样一支面向航天先进复合材料应用基础和前沿探索的高学历年轻队伍，秉持“唯创新者进，唯创新者强，唯创新者胜”的理念，始终引领国内航天固体动力复合材料技术的创新与发展。他们就是由集团公司青年拔尖人才阮英波博士领衔的航天固体动力新材料研制青年创新团队。

自主创新，引领发展

随着国际形势复杂多变、装备采购态势竞争加剧，持续增长的国家新型装备需求对新材料快速研发提出了迫切要求，新材料研发模式要转变为：更快速的研发响应、更精准的成本控制、更核心的技术突破。

团队合影

研制团队义无反顾、责无旁贷地担起了新材料的研制重任，业务范围和组织结构也在随着内外部环境变化进行调整，从一个专注预先研究的团队，蜕变为面向应用基础、前沿技术的多元矩阵式组织。制定技术创新实施方案、改革研发体系、优先资源供给、加强创新奖励等一系列手段，显著激发了团队成员的创新积极性和创新活力。团队积极践行“创新驱动”发展战略，以产品的明确需求为靶向，唤醒工作室成员创新源动力，瞄准材料攻关重点难点，力争牵住自主创新的“牛鼻子”。

团队协作，硕果累累

近三年来，团队累计论证实施以高性能树脂配方、轻质绝热层材料、轻质耐烧蚀防隔热涂料为代表的新材料技术创新项目 59 项，其中 20 余项研究成果已成功应用于诸多产品。团队针对航天装备对复合材料高性能化的发展

团队成员分析材料性能的工作现场

需求，提出了耐高温树脂增韧新方法和新策略，成功开发出兼具高强、高韧和耐高温等性能的树脂，性能处于国内领先水平；针对固体发动机对复合材料壳体提出的耐高温需求，研制出具有不同耐温等级、不同成型工艺、特定功能的环氧树脂、双马树脂、氰酸酯树脂等数十种系列化树脂新材料；针对固体发动机对特种硅胶、防热涂料、功能性粘合剂等应用需求，研制出耐低温高强高抗撕硅胶、高粘接强度硅胶粘合剂、耐高温特种密封圈、轻质防隔热涂层等新材料。

团队的研究成果不断刷新高性能材料清单，为固体动力产品研制提供了新方案，提升了单位在行业内的核心竞争优势，保障了我国现代化武器装备的研制，有力支撑了我国战略震慑能力的建设。

勇担使命，追求卓越

长期以来，受限于固体火箭发动机壳体树脂类型和成型方式，壳体精度和质量稳定性不高。根据我国固体发动机未来发展布局，对固体发动机壳体

团队成员讨论材料状态工作现场

提出了高精度指标要求，而采用传统的材料和工艺根本无法做到。

经过详细论证，团队认为必须采用新型预浸带缠绕工艺才能满足壳体高精度苛刻指标。然而新型先进工艺国外技术保密，国内仍为空白，无从借鉴，团队在树脂设计、成型条件、设备能力也都尚无基础，面临着巨大挑战。“我们唯一的出路就是自主创新！” 路虽远，行则将至；事虽难，做则必成。敢想敢做！团队成员从零开始，一点点摸索、一步步论证，20 余种方案不断推翻重来，数百张图纸不断修改完善。“大家一心想着，这是国家重大工程，是为国争光的任务，一定要精益求精。”团队负责人阮英波回忆说。

三十来岁的青年骨干们，经历了巨大的压力与艰辛。经过 2 年多的集智攻关，团队攻克 10 余项关键技术，总结经验成果 8 项，开发出适用于发动机壳体的专用高韧性新型树脂，创造性地提出了先进预浸带制备新方法，实现高性能新型预浸带的工程化制备，有效掌握了基于新型预浸带的复合材料壳体研制技术，实现了发动机壳体在材料性能、制造水平的整体跃升和更新换代。

新征程上，航天固体动力新材料研制青年创新团队时刻听从使命召唤，新时代的航天青年们站在新时代新起点，必将坚持不懈，不负使命、不负时代、不负韶华，勇做时代的担当者！

打破垄断 “青”力研制大直径“中国辊”

大直径高精度阴极辊研制青年团队，来自航天动力技术研究院西安航天动力机械有限公司，团队成员共16人，其中35岁青年占62%，主要从事大直径高精度阴极辊研制，先后实现了Φ2700毫米、Φ3000毫米和Φ3600毫米大直径阴极辊的研发制造。团队先后获评陕西省青年创新创效大赛二等奖、西安好青年集体等荣誉。

每一份伟大的事业背后，都有一群执着于使命的人，大直径高精度阴极辊研制青年团队便是这样的队伍。团队利用先进的军工设备优势、技术优势和人才优势，开展了多项大直径阴极辊相关的技术研究，成功解决了大直径阴极辊设计、钛筒旋压、晶粒度提升等多项核心技术，先后研制出Φ2700毫米、Φ3000毫米和Φ3600毫米三种规格大直径阴极辊，打破了国外垄断和技术封锁，填补了国内空白，实现了关键生产设备自主可控。

攻坚克难，只为“心脏”国产化

阴极辊被誉为电解铜箔装备的“心脏”。在2016年以前，国内只能制造Φ2700毫米以下的阴极辊，大直径阴极辊仅国外可以制造，不但价格昂贵而

团队合影

且产品交付期无法保证，极大限制了国内电解铜箔产能的提升。为突破国外技术封锁，实现核心装备和核心技术国内自主可控，急需国内专业公司对相关技术进行研究，进而实现相对导电更高、能耗更低、生箔效率更高的大直径高精度阴极辊国产化。

在这样的使命驱动下，大直径阴极辊研发青年团队应运而生。在攻克难关的过程中，深入而全面的研究是团队需迈出的第一步。为找到突破点，团队成员深挖原理，梳理相关学术文献，剖析国外的成功案例，这一过程如同在黑暗中摸索，每一个发现都是通往胜利的微小而关键的一步。在这一漫长艰辛的过程中，“研制大直径中国辊”这一使命像一颗明亮的北极星，指引着团队每个青年，无论面对怎样的困难，始终能让成员朝着使命的方向一点点迈进。

无数次实验失败、数据分析偏差以及技术瓶颈都没有让团队放弃。相反，每一次挫折都被团队视为成长的机会，成员们从失败中总结经验，调整研究策略，并积极与外部科研机构、高校开展合作交流，汲取各方资源优势，整合多方面建议和观点，努力为研究输入新的思路。终于，这些年轻人以“偏向虎山行”的勇气，以“敢啃硬骨头”的韧劲，以“争当出头鸟”的胆识，成功攻克了这些看似不可逾越的障碍，确定了 Φ2700 毫米阴极辊的研制方案，实现了里程碑式的突破！

创新激发，研制新型“高端辊”

在攻关过程中，团队先后碰到了大直径阴极辊工作温度下变形、大电流导电、高精度钛筒制备等难题。他们通过建立大直径高精度阴极辊辊芯三维有限元模型，分析了多个参数变化对辊芯钢筒及钢轴的变形量和变形位置影响，获得了变形量小于 0.1 毫米的大直径阴极辊结构。

他们通过创新设计大直径阴极辊接触导电试验，研究压力与电阻之间的关系，为大直径阴极辊提高导电性能和辊面电流均匀性提供理论支撑。他们采用旋压方案，结合退火工艺，成功制备了表面无花斑，晶粒度等级大于 10 级的大直径旋压钛筒。经过一项项攻关突破，一次次试验探索，成功突破了技术瓶颈，相继研制出 Φ2700 毫米、Φ3000 毫米和 Φ3600 毫米系列大直径阴极辊。丰硕的成果让团队青年无比自豪地喊出了“中国辊、航天造”的响亮口号。这些汇聚了航天青年智慧与力量的大直径阴极辊，让国内铜箔企业发展的底气和信心更足了。

阴极辊生产现场

60亿订单，担当行业“领头羊”

大直径阴极辊成功帮工厂吸引了超过 60 亿的国内外订单。同时，显著提升了工厂的品牌形象，确定了工厂在行业内“领头羊”的地位，为企业的可持续发展奠定了基础。

随着双碳目标的持续推进和储能行业的快速发展，锂电池的需求量将呈直线增长模式。铜箔生产企业对生产效率、成品率和经济性，以及锂电池和储能锂电池的大型化发展越来越重视，未来将会有更多的大直径阴极辊市场需求，大直径阴极辊必将在推动各行各业发展进步、提升国家和地区工业竞争力等方面发挥更加重要的作用。

大直径高精度阴极辊研制青年团队将继续“挑大梁、担重任”，锚定“智造国内一流的铜箔制造系统装备”这一定位，以更加蓬勃向上的精神状态，更加务实的工作作风，更加昂扬的斗志，不断开创各项工作新辉煌，为大直径高精度阴极辊的发展作出更大的贡献！

青年团队工作现场

“芯”之所向　“青”创未来

三沃化学领航者青年创新团队，来自航天动力技术研究院西安航天化学动力有限公司，团队成员共14人，其中青年占75%，主要从事UV光致可剥离压敏胶研发工作，参与了芯片封装工序中UV保护膜关键原材料供给国产化替代等任务，获得集团公司第三届创新创意大赛优胜奖，入围第五届中国技术应用转化大赛以及第四届中央企业熠星创新创意大赛复赛。

没有芯片，未来无法想象；没有芯片，未来只能想象。为了彻底摘下芯片这颗工业皇冠上的明珠，一支以航天精神为灵魂，汇聚激情与创意，致力于研发“芯”胶粘剂的青年团队组建起来，这就是三沃化学领航者青年创新团队，团队的明星产品——UV 光致可剥离压敏胶，解决了芯片封装工序中UV 保护膜关键原材料供给的“卡脖子”问题，打破了日本、韩国产业垄断，实现了进口替代。

以理想为帆，誓要打破外企行业垄断

穿上航天蓝不久的张浩博士很快凭借自身出色的科研能力成为项目团队

团队合影

负责人，但他的脸上看不到丝毫的喜悦神色。多年前的一次学术会议上，日本专家一句“你们中国人想要 UV 光致可剥离压敏胶只能来我们日本买”，深深刺痛着正在攻读博士学位的张浩，也让他从此痛下决心，UV 光致可剥离压敏胶事关我国芯片能否实现完全自给自足，一定要攻克这项重要技术，一定要解决这项芯片先进制造商业化进程“卡脖子”的重要技术支撑，一定要打破国外 UV 保护膜在这一产业链的垄断！

航天人“一定要赶上和超过世界先进水平”的意志，呼唤一批青年技术人员行动起来，立足于公司现有技术，定下了缩小芯片封装等环节与发达国家的差距，进而实现技术突破，打破技术垄断的目标。

以奋斗为桨，不惧科研路上重重风浪

路虽远，行则将至。团队开始进行调研，国内从事相关生产的企业并不多，国内外科研期刊上的论文也绝不可能涉及核心技术，研究线索多次中断。这些困难早已被预料到，曹盛博士将这个阶段比喻成航天老前辈杨南生先生研读“天书”的过程，他将自己存放调研报告的文件夹命名为“天书碎片”。

功夫终不负有心人，结合 UV 光致可剥离压敏胶国产化过程中内聚力低、容易造成半导体晶圆表面污染和 UV 照射后不能瞬间失粘等共性问题，突破口终于找到了。项目团队打出了一套“组合拳”，技术层面上主攻可控聚合、不残胶两大难点，应用层面致力于解决从高剥离强度向低剥离强度转变、掉胶两大难题。

团队成员观测粒子形貌（UV产品对紫外线敏感，实验室使用黄光）

实验不能有任何偏差，忽视任何细节都可能导致结果的天差地别。项目团队的青年们展现出了卓绝的定力，实验台前站一天是家常便饭，废寝忘食是常态。想到航天先辈们能够露宿风餐，用一张算盘打破核垄断，打出中国第一枚火箭、第一颗卫星，新时代的年轻航天一代，一定也可以！

经历了前后四年的时光，项目团队终于通过小试实现了可控聚合技术突破、不残胶技术突破、UV 光照后压敏胶粘性控制技术突破，通向崭新产业的大门打开了。

在后续市场推广阶段，由于日韩进口产品已得到市场广泛好评，客户对国产产品认可度低，产品应用评价难度大。为进一步推进 UV 光致可剥离压敏胶产品市场应用，项目团队在白大褂与“西皮套装”间自由切换，针对不同客户，制定了不同的推广方案，拜访客户现场讲解演示，与客户逐一对接现场实验验证，与国外竞品优劣势分析，参加行业会议演讲等。截至目前，已通过多家公司评价验证，并达成合作。

以创新为刃，划破茧壳驶向星辰远方

该项目在 UV 光致可剥离压敏胶领域创新性提出了支化型分子结构理念，同时通过可控聚合技术、残胶清除技术、粘性控制技术，制备了分子量可控双键封端丙烯酸酯共聚物，平衡了共聚物的内聚力及粘接相互对抗的矛盾问题，攻克了 UV 光致可剥离压敏胶国产化过程中胶层内聚力低和双键交联密度低导致的芯片污染、飞片、崩脚、不能失粘等难点，解决了芯片封装工序“卡脖子”问题，打破了日韩企业的垄断，实现了进口替代。

目前，团队已开发出 4 种类型 UV 减粘胶胶带用 UV 光致可剥离压敏胶，其具有经光能作用，可瞬间发生由“粘”到“不粘”的转变，短时间内实现完全剥离且无残胶的特点。本项目荣获集团公司第三届创新创意大赛优胜奖，入围第五届中国技术应用转化大赛以及中央熠星大赛复赛。

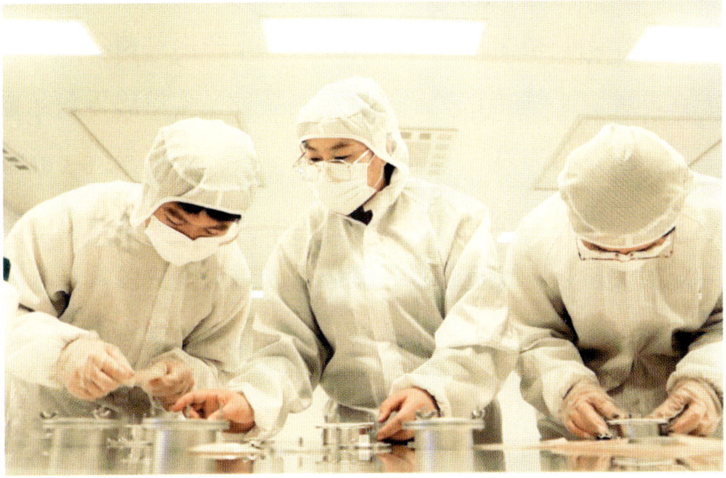

团队成员制作透湿样片（UV产品对紫外线敏感，实验室使用黄光）

对于三沃化学领航者青年创新团队来说，成功研制仅仅是一个起点，展望未来，将继续努力，奋勇前行，理想为帆，理念为帜，持续在技术领域深耕钻研，不断探索新技术，为航天产品质量提升提供新动力，为祖国繁荣富强作出新贡献。

青春奋斗担使命　强军首责建新功

“天警先锋”创新团队，来自中国空间技术研究院遥感卫星总体部，团队成员共29人，其中青年占60%，主要从事红外探测领域技术研究，参与了试验九号卫星、试验二十号A星等重要任务，先后获得院青年文明号和先进班组等荣誉。

2021 年 6 月，为响应国家在未来关键领域的重大战略需求，“天警先锋”创新团队应时而生。作为遥感总体的一支新生力量，这支队伍非常年轻，人员素质很高，平均年龄只有 33 岁，硕士占 57%，博士占 43%。三年多来，面对型号研制、项目论证、市场竞标等难题，“天警先锋”创新团队勇挑重担、攻坚克难、开拓创新，履行强军首责，圆满完成以试验九号卫星、试验二十号 A 星为代表的型号任务，为全面支撑世界一流军队建设，推动国家某天基领域建设高质量发展作出了突出贡献。

不畏挫折，砥砺奋斗——8个月造星的奇迹

试验九号是一颗对于国家空间安全和某领域后续任务都是至关重要的卫星，也是一颗非常特殊的卫星，不容有失。研制团队顶住压力，经过 8 个月

团队合影

无比艰辛的研制历程，卫星发射取得圆满成功。当卫星成功入轨的那一刻，现场试验队员们都流下了幸福的泪水，因为他们知道这个成功是来之不易的。一年前01星发射，由于运载发射失利导致卫星没有入轨，让整个研制团队受到了很大打击，很多队员都流下了伤心的泪水。

01星发射失利后，这支队伍没有慌乱、没有气馁，而是顶住压力，立刻马不停蹄地投入02星研制工作中。02星从研制到出厂只有短短的8个月时间，当时从用户到运载方，都不太相信他们8个月能拿出来产品。因为01星用了11月的时间，已经创造了研制纪录，而且02星很多产品需要重新研制，尤其是相机技术难度大、研制周期长，给研制工作带来了很多困难和挑战。但研制团队顶住了压力，憋着一股劲，全身心地投入工作中。他们对总体方案精益求精、细致入微，确保在研制中不出现任何影响进度的质量问题。同时，通过精心策划，将平台、相机、单机研制并行开展，接口无缝衔接，并尽最大可能取消了重复的测试和试验等工作。

在基地举办的“塔架下的道德讲堂”活动中，有队员回忆起这段艰苦岁月，眼含热泪深情地说，“回想过去两年来团队经历的上百个通宵达旦，晃晃犹如昨日，历历在目。就像红军‘爬雪山、过草地’一样，即便再难，我们也坚持走过来了”。他们说，坚守岗位，是因为心中有一份责任；无私奉献，是因为心中有一份情怀。正是这些可敬可爱的人，最终创造了在8个月内完成1颗大中型遥感卫星研制的纪录。

持续做自己不会的事——某新领域破局的故事

随着遥感事业的不断发展，竞争态势越来越激烈，团队承担的遥感任务有很多都是硬骨头，指标高精尖，周期短平快，经费少缺无，面临的挑战是空前的，这就需要敢于破局、敢于创新，提前做好技术能力的储备。

大约七年前，型号总师找到天警团队，认为红外探测领域是未来空间竞争的一个新的热点，让团队开始进行前期研究。从那时起，团队就从熟悉的高分辨率遥感领域转向全新的红外探测领域。面对新领域、新用户、新任务、新技术，挑战是巨大的，一切几乎从零开始，但大家都知道不能退缩，必须迎难而上，“做总体就是既要又要还要，服务用户哪有什么条件可讲”，整个团队上下一心，潜心钻研攻关，

团队成员研读资料

最终圆满完成项目竞标任务，在国内四家单位中以第一名胜出。

团队在市场竞标期间集同工作

在遥感卫星总体部航天日庆祝大会发言中，团队负责人田景峰谈了对于技术创新的理解。他说，“创新就是瞄准核心短板，持续做自己不会的事”。每个人都有路径依赖，航天又强调技术继承，但这从不代表航天是一个保守的事业，恰恰相反，航天每天都在做前人未做过的事情，所以我们每个人才会觉得总是如履薄冰。“创新就是针对具体问题，持续做会自己不会的事。”

知路远，心登攀，群星环顾卫边关

在困难和挫折面前，“天警先锋”创新团队充分展现了“初生牛犊不怕虎”的精神气质，顽强拼搏，乐观向上，没有丝毫的稚气和娇气，让人刮目相看。经过三年多的磨炼，青年员工成长迅速，逐渐在型号研制中勇挑大梁，并且形成“严谨、担当、协作、高效、拼搏、坚持”的特色工作作风。

面对未来新领域新挑战，他们牢记使命，初心如磐。“既然选择了远方，便只顾风雨兼程。”他们让我们欣喜地看到，航天精神传承有人，航天事业后继有人。

移动机器人妙笔丹青　青春力量刻画航天梦想

移动机器人青年创新团队，来自中国空间技术研究院北京卫星制造厂有限公司，团队成员共15人，其中青年占73%，团队长期开展多机器人原位“智”造技术研究，参与了空间站、货运飞船、载人飞船等任务，打破国外对此类装备的产品和技术垄断，形成具有自主知识产权及自主可控的高端加工装备及技术体系，为大型结构/功能件加工提供新的制造手段，增强相关制造产品的经济性和国际竞争力，共获批国家专利40余项，先后获得了全国“振兴杯”青年创新创效大赛金奖、国防科技进步奖一等奖等奖励。

大型航天器星船结构作为航天器的总体构型，是空间站、货运飞船、载人飞船等新一代空间装备的关键平台，随着“超大尺寸”“轻量结构”“极端精度”的不断发展，其制造水平对提升我国航天科技自立自强有着重要意义。

当走进北京卫星制造厂有限公司的厂房，映入眼帘的是一个个“机器人工匠”不断地挥舞着臂膀，精准地开展工作。这套系统就是由移动机器人青年创新团队参与研制的国内首个“大型航天器移动机器人原位制造系统”。它集测量定位、高精加工、质量检测等功能于一身，相比于传统制造模式减少了70%测量、转运工序，加工效率提升3倍以上，同时还能实现辅助装配、恒力打磨等多项功能。

团队合影

灵感迸发，实现鸡蛋壳上雕花

“刚加入团队时，完全不敢想象我们真的能把这套系统做出来！”团队负责人回忆道。当时正值中国空间站全面建设的关键时期，团队接到了需要在直径超 4 米、最薄壁厚仅几毫米的空间站大型密封舱体上加工的任务，这就像在鸡蛋壳上雕花，难度非常大，远远超出了现有设备的极限性能。

如何实现大型航天器星船结构高精高效制造，是摆在团队成员面前的一道难题。在大家一筹莫展的时候，团队成员心中萌生出了一个“以小博大”的想法，能否将移动机器人引入航天领域，实现大型航天器的制造呢？当时移动机器人化制造的研究在全球范围内尚处于起步阶段，没有任何可供参考的资料。这个年轻的团队却没有放弃，他们充分运用专家和高校资源优势，从“0”开始一步步论证，提出了面向航天的“移动机器人原位制造”新模式。

艰难摸索，原位制造打破国外垄断

在模式探索之路上，团队成员遭遇了前所未有的困难，移动机器人虽然灵活，但在加工大型构件时，既要保证精度，又要保持高效作业，这是一个巨大的挑战。

当时国外的相关技术对中国实施禁运，团队成员没有气馁，决定依靠自己实现突破。机器人精度补偿时，需对上千个采样点进行精密测量，仅单次测量便需耗时整整四个小时，为最大限度减少干扰，追求极致准确的结果，试验只能安排在深夜。在漫长的夜晚，这群年轻人一边小心翼翼地实施测量，一边即时处理海量数据，这样的工作节奏，常常延续至凌晨一点之后。经过近二十个日夜的不懈努力，他们终于成功地将移动机器人的绝对定位精度提升了一个数量级。这一突破性进展，不仅是对技术壁垒的勇敢跨越，更是对航天青年坚韧不拔精神的生动诠释。

那段时间每个人都看花了眼，就是要从海量的数据里面找到解决方法，最终他们突破了大型航天器星船结构制造过程中“看得准”“干得精”“安全高效”三大瓶颈难题，实现移动机器人的精确定位，提升了机器人加工的轨迹精度与加工刚度，保证了多机协同制造效率。真正让一张张图纸、一个个模型转化成眼前的制造装备。

移动机器人设备调试

精益求精，保证型号应用最后一刀

经过了技术验证，团队成员又迎来了型号应用的“大考”。尽管在前期试验中积累了丰富经验，但真正将移动机器人技术应用于型号产品的加工在国内尚属首次，尤其是在航天器结构制造这一关键领域，更是开天辟地头一遭。

第一次上产品的时候所有人都不敢呼吸，因为这是航天器制造的“最后一刀”，加工过程中的每一步都如履薄冰，须谨慎再谨慎。每一次采点、每一步操作，团队成员都反复复核，确保万无一失。在那段紧张的日子里，为了确保每一次操作都准确无误，团队成员都要问“三个确定”：确定操作正确无误、确定数据精准可靠、确定加工效果符合预期。“确定了吗？”成为所有人的口头禅。

经过 5 年的努力与奋斗，移动机器人青年创新团队终于将“移动机器人原位制造”的模式从理论走向了实践。现在当你走进厂房，可以看到移动机器人在货运飞船的舱体上“排兵布阵”，在遥感通信卫星旁“精雕细刻”。同时，相关技术还在航空、轨道交通等领域推广应用，解决了一批重大工程的制造难题。

道阻且长，行则将至。移动机器人青年创新团队将继续瞄准前沿、锐意创新、不断突破，用青春力量刻画航天梦想，用实干担当为航天强国建设注入更多的青春活力与创新动力！

团队成员开展检测工作

引创新源头活水　助商业发动机落地生根

刘曌俞，1992年11月生，来自航天推进技术研究院北京航天动力研究所，先后参与了多款发动机研制工作。尤其在商业发动机研制过程中，他在技术、管理、经营等多个方面探索突破，出色完成了80吨级液氧甲烷发动机的研制工作，为集团公司商业发动机的研制流程、管理手段等提供了样例和保证。

近些年，随着政策积累及资本、人才的持续涌入，商业航天发展势如破竹，带来了上万亿的商业市场，集团公司积极践行创新发展新途径，将商业航天列为重要发展方向。液体动力，一马当先。凭借多年技术积累，2020年，所正式进军商业航天市场，开展可重复使用80吨级液氧甲烷发动机的研制。新发动机的设计理念、状态管理及经营模式都发生了翻天覆地的变化。如何在变化中求发展，作为发动机总体结构负责人，刘曌俞领下了结构抓总的“军令状”。他深知，整个团队都需要一次从内到外的深刻改变。

创新理念解难题

新发动机的结构如何设计？会议室里的数次“头脑风暴”，给了刘曌俞很多灵感。但他总觉得有一种“孙悟空在如来佛手中翻跟头”的感觉，大家的想法还是跳不出原有的思路。想要创新，“源头活水”必不可少。他带领大家一起研究了国内外商业航天发展模式和核心需求，经过多轮讨论总结出了商业发动机在结构方面的“三大特点”，就此从“搭积木”向“集成一体”转型。

刘曌俞在试验现场

设计工作在紧张有序地开展：一方面改进发动机设计流程，增加集成化一体化的设计环节，开展结构迭代；另一方面利用增材制造等先进工艺，打破原有传统结构，让发动机更加紧凑。在刘曌俞团队的创新理念影响之下，开式循环发动机氧路由推力室头部进入的泵后摆发动机方案应运而生，使发动机结构紧凑集成度高，大大提升了对不同总体的适应能力。

破立并举克难关

2023 年，型号任务快速发展的需求，给设计团队带来了新的难题：发动机需要同时适配多家总体并持续迭代。以往的“一张蓝图绘到底”，变成了如今的“多张蓝图同时绘、张张蓝图要迭代”。

此时的刘曌俞，脑海中快速闪过一个词语“不破不立”。他和团队成员与型号领导沟通，积极探索发动机研制在多状态管理、快速迭代上的新方向。

"传统的手段肯定不行，必须上数字化。"通过多轮研究、测试，他们充分结合目前的数字化手段，首创了适用于液体火箭发动机的多状态设计 BOM 组织管理方法，保证多版本、多总体下任意零组件可以唯一、规范地管理，为发动机研制由单线管理进化为立体管理提供了坚实基础。

革新模式迎挑战

2024 年，发动机迎来了有史以来第一次商业竞争。上海航天技术研究院抓总研制的一款重复使用运载火箭，将同时拥有多个发动机选项，各家需要"竞争上岗"。直面甲方"挑选"，让队伍感到猝不及防。为顺利拿下"订单"，刘曌俞开始"双线协作"：一方面与总体深入沟通，突出 80 吨级液氧甲烷发动机各方面优势；另一方面积极探索与总体开展长期协同设计的新机制。努力没有辜负这个"有心人"，历经三个月，刘曌俞圆满完成了协调任务。

这次经历后，刘曌俞愈发意识到，商业航天的背景下，发动机研制的内涵需要进一步扩大，除了产品技术与质量外，成本、市场与销售也是重要的环节。设计师队伍需要"一只眼睛向内钻研技术，一只眼睛向外关注动向"。

刘曌俞一丝不苟进行产品操作

刘罂俞（中）与研制队伍

挑战不止，征途漫漫。在设计工作中，刘罂俞牢记航天科研工作者的使命，始终把党的要求与工作结合起来，积极发挥青年骨干的模范带头作用，在传统的发动机研制中融入新设计理念、新管理方法与新竞争模式，助力商业航天高质量发展，为建设航天强国贡献应有力量。

层层颗粒凝结青力量 熠熠光影书写报国志

航天先进动力增材制造技术创新团队，来自航天推进技术研究院西安航天发动机有限公司，团队成员共36人，35岁以下青年占91%。团队从事航天领域增材制造关键技术攻关及工程应用任务，近5年承担科技部等国家重大专项30余项，取得国家科学技术进步奖二等奖等省部级及以上成果17项，实现60余个型号1000余种复杂精密构件的增材制造，授权知识产权51项，发表论文40余篇。

在载人登月某型发动机研制征程中，团队宛如一群无畏的开拓者，凭借自主创新的担当和勇气，一路披荆斩棘。他们成功突破了大尺寸、多光束、薄壁复杂冷却通道构件增材制造及流阻控制技术等30余项重大课题。每一项课题的攻克，都像是点亮了一颗璀璨的星，让激光增材制造技术所蕴含的快速研制、可靠性提升、轻量化等巨大优势，如星的耀眼光芒般尽情释放。

更令人振奋的是，团队在国内首次达成了发动机推力室一体化增材制造这一了不起的成就。这一创举，如一座巍峨的里程碑，稳稳地矗立在增材技术迈向液体动力制造工程化应用及产业化发展的道路上，承载着增材制造的希望与未来，团队在航天报国伟大征程中，书写着熠熠生辉的青春力量。

团队合影

青年勇无畏，先锋破冰行

“这个年轻的团队最大胆、最敢干。”这是干部职工对团队的评价。面对难题，他们总是想尽一切办法攻破难关。

推力室身部是承载发动机推进剂精准输送的核心组件，具有壁薄、长径比高、流道复杂、精密程度高等特点，对产品性能要求极为苛刻，推力室身部制造工艺一度成为型号研制的“拦路虎”。

“我们一定行。”团队以不负青春、不负事业的志气、骨气、底气，誓要将这个难题拿下。经过对国内外开展深入调研、与设计单位数次沟通、超 5 轮次评审探讨，团队决定创新采用增材制造成形推力室身部的技术方案。通过增材制造工艺参数优化、柔性抛光技术研究，突破了薄壁复杂通道类构件流阻控制方法。通过精准控制成形过程中的能量输入，提高扫描熔池的稳定性，克服

团队成员查看产品成形情况

成形过程中轻微扰动导致的薄壁不稳定的难题，实现了超薄壁稳定制造。

此次创新，使增材制造技术首次实现了液体火箭发动机推力室身部的工程化应用，打开了增材制造在液体动力集成化制造的新纪元。

智汇青春力，突击显锋芒

汇聚每一名青年之力，是这支团队的鲜明特点。为提速发动机涡轮泵高稳定性研制，青年们挺身而出，在每个关键环节成立青年突击队，上下游配合快速开展技术攻关。

以典型产品涡轮壳体进口管为例，其内部小角度叶片结构复杂，提高精度和表面质量是保证产品高质量运行的关键。团队迅速划分为 3 个突击队，各司其职，相互配合。产品试验突击队突破了打印精度控制难关；生产制造突击队三班倒，24 小时不停机打印测试；数字化仿真突击队完成不同参数组合的数值分析。短短 1 周内，完成 13 次迭代和试验，终于找到成形参数、支撑结构、反变形补偿的完美匹配，实现打印后零件的叶型轮廓度优于工艺标准。

为提升打印后叶片表面光整度，青年突击队通过仿真分析与试验验证，获取磨料粒度、粘度及施加压力等参数最佳组合，超标准提升光整后的叶片表面光整度，充分展现了青年突击队卓越的战斗力。

辐射青能量，创新展未来

追求进步，超越自我，是每一名团队成员的成长宣言。团队以师带徒“雏鹰计划”为抓手，充分利用“青”字号品牌辐射力量，在完成重大工程任务中经风雨、见世面、壮筋骨，在各项课题研究中提升创新攻关能力，涌现出以“全国青年岗位能手”彭东剑、“陕西省增材制造杰出选手”成党顺为代表的青年技术、技能人才。

航天先进动力增材制造技术创新团队坚持“先行先试”，全力推动发展增材制造技术，构建了涵盖材料、工艺、装备到工程应用的全链条增材制造技术创新体系，在工程应用、产业化能力方面实现了与世界先进水平从“并跑”到“领跑”的跨越，已成为液体动力技术进步发展和产业能力提升的重要创新引擎。后续，团队将继续肩负起航天青年的使命担当，助力增材技术向可重复使用火箭发动机、高性能轻质防务装备等领域拓展，为国家重大工程任务及国防军工建设、商业航天快速发展贡献青春智慧和力量！

团队成员在一线巡检设备

青年创新要有一股“虎劲儿”

何小虎，1986年11月生，来自航天推进技术研究院西安航天发动机有限公司35车间，是一名数控车工，从投身航天事业的一线学徒工做起，13年来坚持创新突破，先后解决了70余项液体火箭发动机生产研制难题，申请专利25项，已经成长为院最年轻的一线特级技师。

初出茅庐，勇尝“新”

“穿上这件衣服就要对产品负责”，年轻的何小虎第一次穿上印有“中国航天”字样的蓝色工装服时，心中的使命感责任感便油然而生。作为学徒工的他以精湛的加工技能和严谨细致的工作作风，仅用9个月就迅速出徒。然而，他不满足于日复一日的重复劳动，而要在有限的时间里，生产出更多、质量更好的产品，他默默为自己定下新目标。

凭着初来乍到的一股子“虎”劲儿，何小虎总是提出创新和改进想法。为解决汽蚀管加工定位难问题，他历时6个月，自主设计了一款汽蚀管快速定位加工工装，并获得了集团公司“五小”成果二等奖。当创新成果写入技术文件并应用到产品加工中，并且使产品加工率提升5倍、合格率实现

100%，他感慨“小创新”也能带来“大改变”。他的创新成果为航天事业带来了具象化的贡献，自此开启了他劈波斩浪的创新之路。

何小虎

每年不间断的创新成果产出，使他连续10年获得公司技能明星称号。在后续6年20次的竞赛之旅中，他也从未放弃用创新思路来完成竞赛。2016年，何小虎获得全国数控技能大赛全国第四，该成绩是陕西赛区职工组历史最好成绩。回想起竞赛情景，他坦言，除了对设备操作的熟练程度和编程速度外，创新工艺方案才是他制胜的法宝。

独当一面，常为“新”

30岁的何小虎已成长为液体火箭发动机核心零件加工的关键一员，他生产的火星探测器发动机中的燃烧室喷管，是探测类发动机着陆时的关键部件。由于喷管结构特殊，材料难溶于金属，加工一直是行业内公认的难题。对此他主动要求攻关，深入研究材料特性，通过大量试验独创了一种冷却液制备和使用方法及车削加工技术，从根本上解决了这类喷管的加工难题，该技术也为公司申请到首个国际专利授权。

在长征三号乙火箭发动机喷注器架的生产过程中，面对精度仅为头发丝直径1/10且在机床上无法测量的深小轴，其初期试加工合格率只有20%。

何小虎主动拿下这块“硬骨头”，经半个多月的试验摸索，他提出了“设备稳定性”加工概念，独创出了“极限加工稳定性控制法”和“首件标定参数法”，开创了工厂超精密加工的新方法，使第一批次试加工合格率就达100%，生产效率提高 4 倍多。

在加工长征五号、长征七号用发动机燃烧室喷管时，他发现铌钨合金材料易导致刀具粘结或崩刃。“这是我工作后第一次遇到这么棘手的难题”，节点紧急，何小虎受“好车工一把刀”的启发，从刀具入手，一周内连续轫磨了近 20 把不同角度的刀头，相继捋顺了加工参数和冷却液配比等问题。这些在实践中一点一滴积累的经验和独创技巧，让他在后续工作中如虎添翼。

何小虎作为中国青年五四奖章获得者代表作事迹宣讲

匠心传承，育“新”星

如今的何小虎，已成长为大国工匠。作为全公司最年轻的技协导师、技能名师，他不仅自己奋进，更通过“师带徒”让更多青年跟随他的步伐，传承航天精神、成就青春梦想。“带领年轻人推动航天事业发展是我最高兴的事”，他将自己总结出的新方法、新工艺、新技术，毫无保留地跟同事们分享。每逢各类技能竞赛，他会倾囊相授，帮选手进行赛前训练，先后培养出 20 多名“高徒”，其中高级技师 2 人、技师 9 人，1 人获中央企业青年岗位能手，2 人获陕西省五一劳动奖章，1 人获陕西青年五四奖章，10 人获陕西省技术能手。

为了更好地发挥典型带动作用，以何小虎名字命名的青年创新工作室于 2023 年成立。随着自动化生产线逐步替代传统单台设备加工生产线，基于院“卓越产品行动”单元生产线的创新需要，何小虎带领团队在生产线应用技术改进中开始了新一轮创新，吴焯琳、刘庆等创新“新星”逐步崭露头角，为火箭发动机“智”造输入源源不断的青春血液。

“尽最大的努力、干最棒的产品、做最强的工匠”是何小虎的座右铭。他以坚定的信念、出色的技能和持续的创新实践，赋予了新时代青年产业工人新的价值和意义，他希望自己能成为液体火箭发动机动力系统坚实的“护航者”，以个人渺小之力助推祖国航天事业接续发展。

从0到1开启氢液化技术领跑之路

氢气液化系统攻关青年团队，来自航天推进技术研究院北京航天试验技术研究所和院航天氢能科技有限公司，团队成员共61人，35岁以下青年占60%，主要从事氢气液化装备技术研究工作，近年来不断打破国外垄断及技术封锁，持续深耕氢气液化技术，曾获集团公司科学技术进步奖一等奖，相关产品获国家能源局能源领域首台（套）技术装备（项目）认证。

氢气液化系统攻关青年团队始终坚持把提升原始创新能力摆在突出位置，致力于氢气液化设备的研发与创新。2021 年，成功研制出我国首套吨级氢液化系统，打破了国外垄断及技术封锁，有力支撑了我国氢能产业和航天氢氧发动机的研制。此后，团队又先后研制成功国产首套使用连续型正仲氢转化换热器的氢液化系统以及国内首套实现氢克劳德制冷循环的氢液化系统，将氢气液化产量提升到 5 吨 / 天，大大提升液氢大规模生产自主可控的能力。

团队合影

突破封锁，开启新程

2024 年 8 月 18 日，团队研制的产量 5 吨 / 天的氢液化系统一次性开车成功，稳定产出液氢，该系统是国内首套实现氢克劳德制冷循环的氢液化系统，又一次打破了国外相关技术和装备垄断，进一步提升了我国在航天航空领域深低温技术及液氢大规模生产的自主可控能力。

回想 2020 年冬天，团队成立之初，北京格外寒冷。在云岗航天城，一支年轻充满活力的团队，正肩负着一项艰巨的任务——在我国深低温领域，进行一次重大技术攻关。他们立志要在 1 年的时间里，研发并调试出中国首套吨级氢液化系统，解决我国目前液氢生产主要依赖进口设备的问题，实现液氢生产自主可控。

正月初八，历经数月的技术攻关和工程建设，终于迎来了第一次全系统调试。然而，首次调试并没有那么顺利，调试进行到一半的时候，某个核心

氢液化系统调试现场

关键设备毫无预兆地突然报警，显示屏提示运行故障，调试不得不终止。测控间里，大家表情凝重，但眼神里更多的是不甘以及对未来的执着。

沉舟侧畔，再起千帆

“干就要干好，干必须干好，干就能干好”是航天氢能科技有限公司的企业文化，也是青年团队的座右铭。首次调试的失利并没有击垮大家，青年团队夜以继日地奋战，大家或聚在会议室讨论设备布置，或独自在电脑上进行流程模拟，或凑在一起进行液化厂房规划，全然不知外面已是深夜；厂房里，氩弧焊的光芒浸染了夜的黑，切割机的尖叫惊扰了夜的静，工人们忘我奋斗，人来人往，哪管它外面万籁俱寂。

团队成员讨论设计方案

2021 年 9 月 9 日，主体设备完成再次更新升级，被运送到调试现场。“调试开始。”口令下达之后，除了鼠标的点击声和记录员汇报数据的口号，测控间再没有别声音。一降，再降，随着调试温度一点点降低，最终稳定在 –253 ℃，液氢终于成功产出了！1 小时，5 小时，累计连续稳定生产 35 小时，满负荷工况产量超 2 吨 / 天。

这一重大突破意义深远，不仅铺就了液氢国产化之路，也实现了我国液氢生产自主可控，也对我国氢能产业和航天氢氧发动机研制起到重要的支撑作用。人民日报、中央电视台、北京电视台等多家权威媒体纷纷进行采访报道，一时间，系统研制成功的报道被各大媒体平台刊登。

随着技术日趋成熟，团队努力实现更多“从 0 到 1”的突破，持续深耕氢液化领域。2023 年 12 月，研制的国产首套氢克劳德循环 5 吨 / 天氢液化系统冷箱在北京成功下线；2024 年 8 月，5 吨 / 天氢液化系统一次性开车成功并产出液氢；2024 年 11 月，氢液化系统顺利完成 72 小时可靠性测试，稳定产出液氢。

继往开来，创新不止

团队迎难而上、挺膺担当，攻克了氢克劳德循环氢液化工艺流程设计、大型高效连续性正仲氢转化换热技术、高速气浮轴承氢气透平膨胀机、大型深低温卧式冷箱分区集成工艺、变工况自适应一键启停控制逻辑等五大关键核心技术，成功实现液氢高效储运领域重大技术突破，使我国在大规模液氢制备和应用领域迈出关键一步，在智能化、单位能耗等方面均比肩国际先进水平。

面对新形势、新任务、新要求，团队将立足岗位，接续奋斗，在青年创新的丰沃土壤中笃行不辍，为持续提升液氢制备领域的自主创新能力，为我国推动能源转型和实现“源–网–荷–储”新能源体系建设目标注入更多青春动力，为航天科技创造美好生活贡献青春力量。

少年逐梦蓝天间　靶机翱翔展宏愿

无人机系统技术与应用研究青年创新团队，来自四川航天技术研究院四川航天中天动力装备有限责任公司，团队成员共18人，平均年龄32岁，主要从事无人飞行器的总体论证与设计，以靶机研制为主业，成功研制了“方天戟”系列高端大尺寸隐身靶机，完成某军种多次供靶任务，团队于2022年入选四川省“天府峨眉计划”创新创业团队，荣获集团公司2022—2023年度青年文明号。

团队用青春的肩膀勇挑科研重担，突破了气动隐身一体化、单助推火箭零长发射、高精度飞行控制等关键技术，解决了多个高端任务设备分布式装机、大尺寸靶机无损回收等技术难题，并成功应用于某大型靶机研制项目。该型靶机是国内第一款全复合材料结构、单发火箭助推发射、伞降回收、搭载任务设备最多最高端的1吨级以上的大型高空高速靶机，是目前国内领先的靶机系统。

开拓进取，积极探索全新领域

这是一支创新突破的青年团队，他们扎根型号任务，他们忘我奉献。

团队合影

作为一支一线研发团队，他们积极响应集团公司号召，从“单装突破”到“型谱发展”，再从“型谱发展”到“体系集成”，团队实现了高端靶机成体系化发展，为集团公司扩展飞行器产业链作出了积极贡献，填补了国内高空高速大型可回收靶机的空白。

精益求精，集思广益排除风险

秉承着精益求精的科研理念，团队成员在每一次飞行试验后都及时进行总结与复盘，每一次改进和优化都凝聚着团队成员渴求突破、逐梦蓝天的决心。

在一次讨论中，有队员提出“靶机高空飞行时，因外部压力减小，回收系统气囊内部压力大于外部压力，可能造成气囊提前开盖”的问题。团队成员就此展开了头脑风暴，一种防止高空异常开盖的无人机气囊密封结构应运而生，此结构能使气囊维持负压状态装配到无人机上，从源头杜绝了靶机高空飞行时提前开盖的隐患。

敢于突破，创新技术攻克难关

“方天戟”系列靶机作为大尺寸、高价值空中模拟靶标，对回收可靠性要求极高，型号初期采用的出伞方案存在出伞不畅及异常开盖问题。飞行试验的失利让技术团队倍感压力，在进度紧张、任务繁重的前提下，团队成员勇于担当、敢于创新，坚持问题导向，群策群力，快速启动了伞降回收方案的重新论证。

飞行前做最后的调试工作

通过技术调研、查阅资料等手段，最终提出了“弹射器+弹伞筒”的回收方案。由于该方案在大尺寸靶机上属于首次运用，颠覆原回收方案，因此推进难度极大。面对没有退路的局面，技术团队以高可靠性为目标，对新方案进行了多方讨论和分析，方案迭代超过 20 轮，最终论证了新方案的可行性，并成功将其转化为技术成果应用于型号。

勇于实践，大胆试验收获真知

试验验证方面，团队创造性地提出了跑车试验和整机落震试验，其中跑车试验难度极大，要求机身模型固定在皮卡上，跑车速度不低于 120 km/h，为了达到以上标准，技术团队搜寻了成都市几乎所有的可用道路。由于机身模型高、质量大，在高速行驶时车身抖动极大，第 1 次跑车试验后操作人员已极度不适。

面对如此状况，团队成员仍然发挥了不畏艰险、敢于拼搏的精神，在确认试验方案安全的前提下，克服恐惧心理，完成了所有跑车试验。当问题解决的那一刻，一张张年轻的面孔上呈现的并非疲惫，而是不断攻克难关、实现技术改进的喜悦。

持之以恒，坚持创新续写辉煌

在团队成员的共同努力下，于 2021 年以第一名的优异成绩成功中标某军种某靶机项目；2022 年成功完成 2 次科研试飞试验；2023 年年底，在极端恶劣的环境下，团队克服重重困难，完成了某型靶机系统为导引头的首次带飞供靶试验，试验取得圆满成功；2024 年年初，团队开展箱式发射集群靶机系统方案设计；2024 年 5 月，团队再次成功夺得某军种某重大专项项目专用靶机项目的竞标任务。

从酷暑到严寒，从戈壁到大海，他们的足迹遍布山川四季，他们的征程是碧海蓝天。不论何时何地，他们将坚持发扬敢于创新、勇于突破的精神，延续团队攻坚克难、不畏艰险的优良传统，继续投身无人机系统研发和无人机产业链升级，为实现航天强国梦挥洒青春热血。

团队成员勘察试验阵地

用精准导航助力交会对接

空间近程光电测量技术团队，来自上海航天技术研究院上海航天控制技术研究所，团队成员共13人，35岁以下青年占69.2%，主要从事近程导航相对测量敏感器研究，在实践二十一号任务首飞中，实现了由搭载验证到在轨主份使用的蜕变，基于该技术的产品已经装备于4个在轨型号、5个在研型号，支撑了载人登月论证。团队曾获中国先进技术转化应用大赛银奖、上海市优秀发明选拔赛优秀发明奖金奖、集团公司科学技术进步奖一等奖。

随着空间任务日益复杂，在轨操控、交会对接等任务变得越来越重要。其中，近程相对位姿的测量在整个任务实施过程中显得尤为关键。为满足各类型号不同的使用工况和应用需求，团队充分调研近程位姿测量手段，从零开始设计攻关。针对空间非合作目标特性复杂、空间环境恶劣的特点，克服传统光学相机在近程导航相对位姿测量时约束较大的缺点，研发建立固态激光雷达、可见光相机、激光组合的产品序列，为在轨操控、空间站对接等任务提供有力支撑。

用“新”导航，从无到有，做好新技术探路人

空间近程光电测量技术团队是一群在创新道路上的“探路者”。团队成

团队合影

员一直秉承多学、多思、多问的学习态度，潜心钻研前沿技术，将“钻劲”和“拼劲”切实融入科研任务中。在型号提出新需求时，团队成员迅速对原有近程导航相对测量敏感器做出评估，针对相机深度测量误差大等问题提出优化思路，从相机工作原理、误差形成机理和异构数据深度融合等方面开展技术攻关。在无数个日夜里，团队埋头于书海中，翻阅各种资料，寻找灵感的火花。经过不懈努力与反复试验验证，TOF 相机近程导航相对测量关键技术被一一突破。

稳中求胜，攻坚克难，做好新任务守门员

凭着对胜利的执着与坚持，TOF 相机准时在 2021 年迎来了首飞任务，在实践二十一号任务中，虽然只是备份，但全体团队成员仍然做足准备，严阵以待。在主份单机连续几次表现不佳的情况下，TOF 相机披挂上阵，一次就稳定工作，助力卫星成功对接，从而实现国际首个对空间满旋非合作目标的

捕获，型号任务圆满成功。同时也实现了搭载验证转变为备份单机以及最终作为在轨主份近程测量单机使用，不仅为型号任务的圆满成功建立新功，还为空间光电家族增添了新成员。

产品外场标定工作现场

在后续的TOF相机研制任务中，产品又遇到了原有非合作目标识别方法无法使用的难题。面对时间紧、难度大的双重挑战，团队中软件设计师姜丽辉、算法设计师张徐玮和测试工程师徐逸杰三人一头扎进了空间环境模拟暗室中展开攻关。

不到两个月的时间，项目团队提出了局部轮廓LSD重提取算法等一系列创新性算法，不仅按时完成产品交付任务，更解决了环境光干扰严重、目标特征不明显等因素引起的各项问题。2023年，第二台TOF相机成功飞行并正常工作。此外，远近场相机、交会对接成像雷达相继在空间站任务中飞行并完成在轨自测试，飞试成功喜报频传。

志存高远，百尺竿头，做好新产品开拓者

随着型号应用的成功，以及近程光电技术的不断发展，团队朝着智能化、小型化、宽领域三个方向不断发展，引入AI智能平台以面对更复杂的场景。近程测量涉及多个前沿学科，逆水行舟，不进则退，团队成员不敢有丝毫的

懈怠。随着月球车等更多型号的选用，团队不断迭代底层技术和产品架构设计，打造更加智能可靠的新型产品。

TOF 团队全力以赴保障任务关键节点顺利推进，做好产品研制、交付的“守卫者”。为确保进场产品万无一失，团队成员细致把握产品研制过程的每一个环节，反复检查产品试验中的各项数据，确保精准分析，做好一切隐患排除。面对现场突发问题，团队成员有条不紊快速处置，为试验现场提供有力支持和技术保障，确保飞试圆满成功。

心怀高远志，奋斗正当时。“坚守”，团队扎根岗位夯实技术基础；“创新”，团队勇于挑战推动专业进步。持之以恒的付出让团队所有成员在自己岗位上闪闪发光，成为新时代航天青年的典范。未来，团队将继续增强干事创业的热情，在逐梦航天的征途上书写属于这一集体的辉煌篇章！为集团公司高质量发展和航天强国建设贡献更多的智慧和力量！

环境恶劣的外场试验工作现场

燃无悔科研青春　造一流航天芯片

CPU青年设计团队，来自中国航天电子技术研究院西安微电子技术研究所，团队成员共27人，其中硕士及以上学历26人，35岁以下青年比例为60%，长期致力于型号装备用高性能、高可靠核心处理器SoC芯片自主研发，为多个重点型号打造了“最强大脑”。曾获中央企业青年文明号、青年创新奖银奖，国防科技进步奖二等奖，陕西省科技进步奖三等奖，集团公司科技进步奖二等奖等荣誉。

团队聚焦航天嵌入式应用领域对核心处理器芯片的迫切需求，围绕技术创新和人才培养双目标，重点从“营造创新氛围”“工程实践锤炼”和“团队互学互促”三方面培养锻炼青年，在为国造芯、科技创新中谱写青春之歌。

营造创新氛围，激发“青动能”

众所周知，集成电路是现代信息技术的核心，处理器芯片则是集成电路设计皇冠上的明珠。近年来，随着摩尔定律濒临失效，通过优化工艺来提升处理器性能的方案已难以为继。因此，必须从处理器系统结构入手开展创新、推进变革。

团队合影

正因为技术难度高、瓶颈制约多，团队一直将自主创新作为重中之重，在创新氛围营造方面久久为功。团队线上工作群里，成员常常围绕前沿技术资讯，结合当前技术攻关方面面临的突出问题，掀起一阵阵“云讨论”热潮，在思想碰撞中找到问题的解决方案。同时，团队坚持赓续弘扬航天精神，始终用1965年所老一辈航天人围绕为东风五号研发的我国首台箭载计算机开展攻关时留下的“灯火辉煌156”的光辉事迹来激励自己，矢志为国造芯。

工程实践锤炼，成就“青实力”

以工程实践锤炼青年创新能力，是团队为青年员工搭建的成长“快车道”。

针对某舰船领域型号对新一代互联体系的需求，团队青年勇挑重担、集智攻关。面对此前从未接触过的舰船行业，团队成员边学边干，针对舰船控制和通信特点定制了一款实时以太网总线控制芯片，突破了高精度分布式时钟控制、多模态 SoC 系统结构设计与优化等一系列关键技术，带宽和速率与传统总线相比有了大幅度提升。参与研发的设计师小孙将这一发明形象地比喻为“高效的神经网络”。后来，团队再接再厉，进军航空领域，团队青年设计师小黄和同事们围绕航空下一代产品应用共同开展技术创新，定制化设计了一款低功耗、高性能控制处理器芯片，成功开辟了新的产品谱系。

团队青年集中开展技术培训

近年来，国际形势的突变给我国集成电路产业造成了巨大冲击，自主攻关已经上升到国家战略层面。面对严峻的专业形势，团队成员敏锐地察觉到 RISC_V 指令集体系很有可能孕育出颠覆性的创新成果，便以集团公司钱学森青年创新基金申报为契机，提出了项目申请并成功获得立项。项目研发过程中，申请人依托团队 10 余年的处理器设计经验，从软件、硬件两个维度入手，攻克了多项关键技术，完成了探索性技术突破，为下一代自主微处理器的谱系化开辟了路径。

作为基金项目负责人的小许这样回忆道：“在这个项目的研制过程中，我实现了从刚离开校园的学生到一名航天青年工程师的角色转变，了解到了前所未闻的技术方案，和小伙伴们一起从零起步在新赛道攻克新技术，让人感到充实和自豪。”

团队互学互促，凝聚“青合力”

其实早在2008年，这支团队就开始了第二代SPARC V8处理器的研究工作。面对全新的技术领域，团队成员挑灯夜战、分工研读，每周对学习成果开展交流，在脑海里把设计语言转换成逻辑电路，将输入到输出中间逻辑的“0”和“1”的跳变在脑海中反演出来，找到它的不足和缺陷，再进行优化和改进。最终，团队设计的处理器在嫦娥系列卫星中成功应用，为我国的探月工程作出了卓越贡献，团队也荣获第三届中央企业青年创新奖银奖。

团队负责人、集团公司杰出青年奖获得者娄冕博士回忆那段研发历程时介绍：“当时团队普遍缺乏该类SoC产品开发经验，大部分成员都是刚接触这类芯片设计，团队通过将不同专业青年组合成技术小组，发挥各自专业优势，互学互促、技术互补，提升了整体实力。”这种“模仿—消化—提升—重组”的过程，正是以处理器为代表的超大规模复杂芯片自主可控研制的必由之路，也是团队青年业务能力螺旋式提升的过程。

团队研发工作现场

燃无悔科研青春，造一流航天芯片。未来已来，团队将继续以创新研制具有自主知识产权的核心器件为己任，为创造美好生活提出青春方案，为强化国防战略科技力量、实现基础元器件全链条自主可控贡献了青春力量！

CPT原子磁力仪　赋能航天量子新质生产力

星载CPT原子磁力仪研制青年团队，来自中国航天电子技术研究院北京航天控制仪器研究所（集团公司量子工程研究中心依托单位），团队成员共13人，35岁以下青年占62%，主要从事CPT原子磁力仪、SERF原子磁力仪等量子工程类仪表的研究工作，承担了电磁监测02卫星国产化CPT原子磁力仪型号任务，曾获中国仪器仪表协会科学技术发明一等奖、中国科协第一届中国科技青年论坛奖三等奖、集团公司优秀档案编研课题三等奖等荣誉。

在前沿量子技术领域里，团队用了不到五年的时间，硬是把一个实验室状态的CPT原子磁力仪原理样机做成了一个能够上九天揽月的型号产品。没有条件就创造条件，在理论上沉下心坚决吃透，在工程上反复试验如琢如磨。团队创新性提出并成功研制了具有自主知识产权的一系列符合宇航级要求的光学、光电子器件，从实验室原理样机到鉴定件、电性件再到正样件，一步一步踏平荆棘，用信念走出了一条赋能航天量子新质生产力的道路。

团队合影

初生牛犊，更有扬帆的梦想

2017 年，在时任所长王巍院士、时任所研发中心主任王学锋研究员的带领下，团队首次参与了正式型号任务的竞标工作。电磁监测（试验）01 卫星搭载的 CPT 原子磁力仪为国外进口，此次竞标是电磁监测 02 卫星国产化 CPT 原子磁力仪型号任务。该任务既肩负了 CPT 原子磁力仪国产化的历史使命，同时也是所首个航天领域正式有效的星上载荷任务。

虽然时间紧任务重，但是团队斗志昂扬，他们对自己刚完成的原理样机充满信心。

他们反复推敲竞标方案，不放过任何一个细节。最终团队凭借创新性提出的 4 峰闭环控制技术、可满足独立在轨运行全球观测的要求等优势在竞标中脱颖而出，拔得头筹。

自此，这支平均年龄不足 33 岁的年轻团队登上了探索量子型号工程任务的大船，初生的牛犊们在期待中起航！

风浪无阻，将理想照进现实

当竞标成功的喜悦逐渐褪去，方方面面的压力如狂风暴雨一般袭来，由于研制团队成员缺乏型号研制经验，进度又相当紧迫，原本的信心逐渐被消磨。

此时，团队迫切需要一位热血又有经验的青年带头人。邓博士挺身而出，凭借自身扎实的电路工程研制基础、良好的心理素质以及一身坚韧的“牛劲”，带领年轻的团队逐步解决了一个又一个问题。

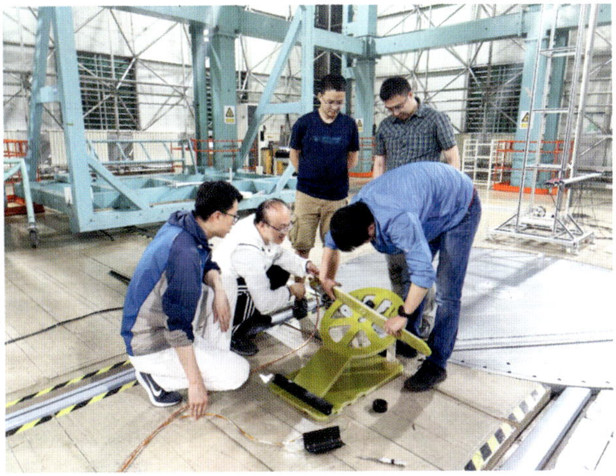

分系统联合标定工作现场

没有条件就创造条件。磁力仪用的多种光学、光电子器件，国内外没有可用的标准化产品，团队就下定决心自主研制。在此背景下，团队成功研制了具有自主知识产权的蝶形 VCSEL 光源、抗辐照单模保偏光纤跳线、长寿命抗辐照高性能原子气室等一系列符合宇航级要求的光学、光电子器件。

没有时间就挤出时间。从元器件的各类小试验，再到电性件、鉴定件和正样件交付前的分系统联试试验，这支年轻的团队 24 小时人员轮班不停机。众所周知，磁力仪测试受周围磁场影响较大，为获得稳定的磁场环境，许多试验团队只能在半夜 12 点后开展，常常要从后半夜一直工作到天亮，白天再继续分析数据。

通过团队不懈努力，年轻人的梦想终于照进了现实，磁力仪产品获得总体单位高度评价。

拨云见日，收获满满启新程

2020年，星载CPT原子磁力仪研制青年团队继续攻克多项关键技术，通过了力、热、EMC、标定测试等鉴定试验考核，各项指标均满足技术要求，顺利完成鉴定件的研制交付工作。经第三方鉴定，产品性能优于进口产品，性能指标达到国际先进水平。

凭借电性件和鉴定件的研制经验，团队越战越勇，于2022年底完成正样件研制，随即配合总体单位紧锣密鼓地开展验收工作。以三方现场确认测试指标的严格审查形式，正样件各项指标均满足接收要求，获得总体单位的一致好评。同时，主要技术成果获得中国仪器仪表协会科学技术发明一等奖。

2023年，经过出厂验收，团队终于把正样件交到总体单位的手上，为该项任务画上了一个完美的句号。

星载CPT原子磁力仪型号研制任务是诸多宇航型号任务的缩影，但同时更是量子技术赋能航天新质生产力的勇敢尝试。这群年轻人敢想敢干，在青春岁月中用信念疯狂奔跑，在面对狂风暴雨时仍坚持将丰满的理想逐步照进骨感的现实，收获了属于他们青春无悔的未来。任务还在继续，即便他们不再年轻，但是他们青春奋斗之歌将被一代代航天电子青年接续传唱。

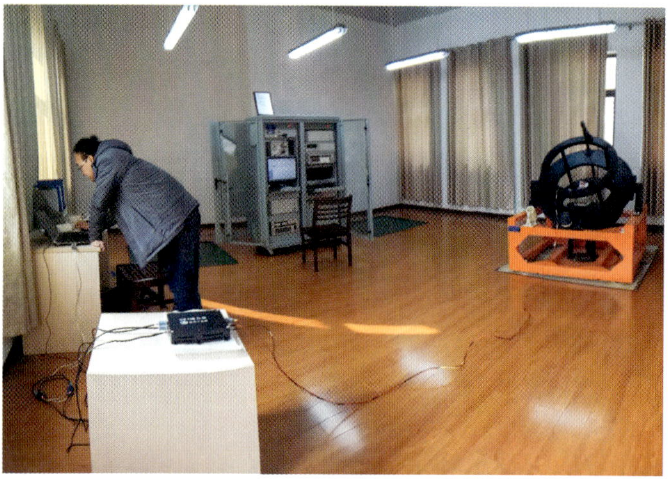

第三方标定测试工作现场

梦想改变世界　创“芯”成就未来

高速高精度转换器青年团队，来自中国航天电子技术研究院北京微电子技术研究所，团队成员共61人，其中35周岁以下青年占67%，硕博占85%，是一支高层次、年轻化科研型队伍。团队主要从事高速高精度数据转换器研究，承担了以某重大专项为代表的重要科研项目40余项，曾获国防科学技术进步奖二等奖、上海市技术发明奖一等奖、集团公司科学技术进步奖二等奖、中国先进技术转化应用大赛银奖等荣誉。

数据转换器作为电子系统中信号收发链路的核心器件，对提升卫星链路传输速率和雷达系统分辨率起关键作用。通过不懈努力，团队顶住了外围封锁压迫和内部资源匮乏的双重压力，在创新制度和技术平台的保障助推下，突破了多项关键技术，形成了数款代表性产品，为新一代航天型号和武器装备性能的提升贡献了青年力量！

青年勇挑重担，技术创新突破

产品研制初期，国内外工艺水平相差两代。团队面临的最大挑战是如何基于国内现有工艺水平大幅提升数据转换器的采样速率及带宽。团队为尽快

团队合影

突破重大技术难题，成立了专项青年突击队。

在工艺落后的现实面前，要做出能够与国际先进水平抗衡的产品简直是不可能。“面对国家需要，不可能也要变成可能！”团队中的张主任给大家加油打气。“生产工艺达不到，我们能不能从结构设计上下下功夫？实在不行我们做个新的！”青年突击队队长一句话掀起了大家的头脑风暴。

现有的传统架构量化精度、通道交织数提升容易引起负载扩大，要想实现更高带宽就要避免这个问题。团队参照多米诺骨牌逐级推动的方式，提出了分布式转换器架构的设想，将多个通道公共输入节点的大负载进行“分裂”。

当时正值新冠肺炎疫情期间，突击队员互相补位、勇于担当，经过一次次灵感碰撞、设计讨论、仿真证明，推翻，再重来，团队终于实现“时间交织技术”和“分布式宽带转换器架构”的技术创新，通过分时复用提高采样率，将采样率提升了四倍、带宽提升了三倍。基于这两项技术，团队研制出以抗辐照 12~16 位吉赫兹转换器为代表的、达国际先进水平的系列产品，现已广泛应用于航天工程和武器装备。

通过多年的技术攻关和创新能力积累，团队构建了高速高精度转换器架构等核心技术体系，研发出六大系列七十余款新产品，推动数据转换器实现了从“跟跑”到“并跑”最终“领跑”的跨越式发展。

机制有效保障，项目高效攻关

为有效协调和调配资源，培养青年人才的管理协作能力，团队从蜂群的高效分工合作模式中获得灵感，建立了“揭榜挂帅”机制，采用自主申报的方式评选项目经理来管理项目。该制度采用矩阵管理模式，由项目经理根据实际技术需求选择特定成员，构成自己的“蜂群”，以实现项目高效攻关。

某型号载荷精度亟待提升，而数据转换器是提升载荷精度的核心器件。既能满足高轨辐照要求又能达到16位以上精度的数模转换器是世界性难题，当时国内外并没有可以选用的产品。型号总师为了解决此关键问题，忧心忡忡，遍寻全国元器件研制单位而无果。团队青年迎难而上，毅然承接了这一光荣的攻坚任务，并针对本次“上甘岭”战役公开竞聘项目经理。最终，青年小张扛下了研制任务。他抽调团队内工程师构成“蜂群”，分别攻坚“内核架构”“高线性开关”“校准算法”等关键技术，并受鱼骨结构启发，提出了一种新型仿生辐照加固结构，最终攻克全部技术难题，打破了系统无芯可用的局面，得到了型号总师的高度评价。

青年突击队成员工作现场

通过实施项目经理制度，团队培养的多位青年骨干先后荣获集团公司青年拔尖人才、航天贡献奖等奖项。在技术转化应用方面，团队创新成果已应用于高通量卫星等航天型号，信号工作频段由 S 波段提升到 Ku、Ka 波段，有力支撑了国家在低空经济、“数字中国”等新兴领域的战略布局，对集成电路产业化集群及重点领域迅猛发展起到示范带动作用。

回顾过往，团队青年怀揣航天报国梦想投身集成电路事业，展现了极大的决心和毅力，突破了重重制约和挑战，解决了重大航天型号需求，助力航天技术应用产业快速发展。

放眼未来，面向国家战略发展需求和世界科技前沿，团队将牢记强军首责，以“瞄准世界前沿，引领转换器技术发展”为目标，直面“卡脖子”难题开展攻关，努力为实现高水平科技自立自强和加快航天强国建设贡献“芯”力量。

转换器产品性能调试

无人装备“尖兵” 打造航展“最靓的仔”

“暗影”型号研制青年创新团队，来自中国航天空气动力技术研究院航天彩虹，团队成员共33人，平均年龄33岁，硕士研究生及以上学历占94%，其中中共党员28人。团队的主要任务是设计和研制彩虹-7（CH7）大型隐身无人机，团队矢志创新，踏过许多前人没走过的路，突破多项关键技术，完成CH7飞行实验任务，有力推动院特种飞行器主业向大型化、智能化、高速化高质量发展。此外，CH7无人机在2024中国航展上惊艳亮相，以其优异性能吸引广泛关注。

CH7 无人机从论证到工程研制仅用时 2 年多。期间，年轻的团队克服了方案重构、研制复杂、试验归零等困难，始终敢于创新、善作善成，创造了 CH7 这个里程碑式的无人机型号，并让 CH7 成为无人装备领域的“明星产品”。

敢为人先，创新型号生产科研管理模式推动研制提速

CH7 无人机作为现阶段彩虹系列无人机中最大的“家伙”，团队要长期处理任务周期与技术难题的“极限拉扯”问题。为保证节点目标顺利完成，

团队成员与CH7合影

团队总指挥组织管理、技术、工艺和生产人员开展了一次次“破天荒”的讨论，最终达成了一项科研管理上的创新举措——同步开展飞机身结构部装、管路系统和线缆系统总装工作。

为确保这项工作在型号质量不出问题的前提下顺利开展，团队对这项工作进行了“拉条挂账”并逐条进行措施制定，最终确定有 2 项难点需要解决：一是如何协调好在飞机有限的空间和“后墙不倒”的节点要求下同时开展部装和总装工作；二是在并行开展易对已安装产品造成损伤的前提下，如何保证安装质量。

针对这两个问题，团队设立了总体协调组，确定了分区、分时工作的原则，全程 24 小时进行视频影像记录，进一步明确细化检验点。同时，总体协调组进行统筹，将团队的管理人员、专业技术人员、检验人员、工艺人员和生产人员分为 3 组开展工作，并坚持每天早晚开工作推动会，确保一般问题现场解决，重要问题 12 小时内解决。

经过团队的努力和科学布置，研制全程未发生影响大的质量问题，并将原本的生产周期缩短了 15 天。

锚定市场，践行“低成本设计+充分验证=优秀产品”

CH7 无人机作为一款具备高隐身、高空、高速能力的“高价值”无人机，设计之初就注重客户的“低成本”需求，装备“既要管用也要用得起”，如何以低成本的方式实现指标的先进性，同样必须解决。

摆在团队面前的第一个问题就是低成本隐身“S 型”短程进气道的研制，这项技术是团队首次触及，成员们集智攻关，通过各种渠道查阅资料，分为两组并行开展方案设计，每周进行一轮“PK”，取长补短。经过两个月的努力，终于完成隐身进气道的隐身气动设计工作。

结构和工艺人员紧随其后，根据进气道隐身气动设计结果开展结构设计和工艺技术攻关，为了实现低成本的目标，结构提出采用复合材料共固化成型的方式进行结构设计和加工。当时，国内尚未有单位同时开展过进气道复杂腔体的复合材料成型和进气道外腔多维环筋的一次共固化成型，如果成功飞机成本将大幅下降。

团队调试飞机

团队兵分三路，一路开展进气道主体的复合材料结构设计，一路开展隐身进气道主体的成型工艺设计和内腔组合模具设计，一路开展进气道外腔多维环筋的铺层和成型工艺设计。经过三个月反复迭代和专家评估，终于完成隐身“S 型”短程复合材料进气道的设计工作，进入工程阶段。

好事多磨，虽然团队已经对技术风险和工艺实现进行了多轮迭代和评估，但首件进气道仍出现了一些问题：内腔有明显的模具拼接痕迹、外腔多维环筋移位、进气道内腔模具有变形……针对这些问题，成员们一轮又一轮分析和讨论成了家常便饭，在经过充分验证后，团队组织并搭建了进气、发动机和排气为一体的进排气试验，最终经过多轮试验，CH7 的动力系统设计优于既定设计指标。

厚积薄发，中国航展惊现最美“彩虹”

“知道它大，不知道它这么大”，这是《人民日报》对 CH7 航展报道的标题。2024 年 11 月，CH7 在完成预定试验后赶赴珠海航展现场，27 米翼展的飞翼布局无人机，在展区一经亮相就成为观众争相参观合影的明星产品。

不仅仅是大，CH7 的性能非常优异。此外，它的最大特点是隐身，所以在设计的过程中，团队反复探索验证，采用“载荷结构一体化设计”、高反射区吸波处理，机体表面敷设隐身涂料，所有口盖、舱盖都进行了隐形处理，甚至连螺丝都专门定制，这让 CH7 的外形看起来愈加“科幻”。更重要的是，CH7 不仅可以在威胁比较低的非对称战场环境下“闲庭信步”，还可以在满布防空雷达、导弹，生存环境恶劣的对称战场环境下“神出鬼没”。

虽然造出“网红爆品”，但团队成员们清醒地认识到产品距离完美还有很长的一段路要走。面向未来，团队依然面临不少亟待解决的新问题，比如低截获率雷达迁出部署；多机协同、轮流开机的作战理念研究等等，把一项项理论变成现实不是容易的事。路虽远，行则将至。团队成员们信心满满，只要矢志创新、勇于突破，CH7 会飞得更高更远。

团队产品CH7亮相珠海航展

攻克无人机核心控制器　助推彩虹飞上云端

新一代机电产品研制团队，来自中国航天空气动力技术研究院测控事业部，团队成员共8人，其中青年占87.5%，主要从事伺服系统和相关航电产品研究工作，先后参与多型号彩虹系列无人机及机载导弹的配套机电产品研制工作，先后获得集团公司青年安全示范岗、集团公司六好班组、院青年文明号等荣誉。

2014 年 5 月 20 日，几个蓬勃向上的年轻人带着些许浪漫主义情怀，组建了伺服系统研究小组，拉开了院自力更生向伺服系统领域进军的序幕。

经过 10 年的发展，伺服系统研究小组也逐渐演变成机电产品室，团队具有 8 名资深研发人员，这支平均年龄仅为 32 岁的团队，坚定热爱祖国、为国争光的理想信念，发扬航天精神，不畏艰难、敢为人先，在自主创新的道路上攀登一个又一个高峰。

临危受命，解决“卡脖子”难题

固定翼无人机螺旋桨是无人机的重要组成部分，负责提供升力和推进力，控制无人机飞行姿态。无人机螺旋桨控制器（简称“PCU”）是螺旋桨的控

团队合影

制核心，其性能好坏至关重要。最初，院彩虹 3 与彩虹 4 无人机的 PCU 为原厂配套设备，主要应用在有人机平台，在无人机平台上使用具有局限性。随着使用程度加深，这种简单的改装方式暴露出一些安全隐患，对飞行安全造成潜在危害。

同时，由于国际形势变化，螺旋桨和控制器面临着封锁的风险。因此，亟须自主研发一套适用于无人机平台的螺旋桨控制器，实现技术自主可控，解决院内无人机面临的“卡脖子”难题。院彩虹公司找到团队，试探性问了一下研发团队负责人“能不能干”。

“能！”研发负责人的回答就一个字，斩钉截铁，铿锵有力。时间紧，任务重，难度大，该团队并没有退缩，大家齐心协力，发挥各自研究专长，经过 3 个月加班加点，成功研制 PCU 样机。随后多次出差外场进行现场调试，配合试验试飞工作，不断优化设计细节，最终定型产品的性能高于预期。

团队研制的螺旋桨控制器保障了无人机任务圆满完成，保障了彩虹无人机多型号任务交付，保障了彩虹无人机换桨、换发任务的开展，同时也丰富了十一院无人装备配套产品型谱。PCU 的成功研制填补了国内空白，团队也因此获得十一院科技创新团队二等奖。时至今日，PCU 在各型号无人机上已成功完成上千架次的飞行任务。

团队关注部件研制进展

能跑得快，也能“刹得住”

作为无人机起落架系统的重要组成部分，刹车装置是影响无人机起降安全的关键因素。该研制团队敢为人先，率先在国内开展电动刹车研制工作，解决了传统电静液刹车系统易泄漏、难维护与“傻大笨粗”的痛点，全面提升了性能。

团队人员历时 5 个月，不断打磨技术细节，不放过任何一个技术疑点，无数次技术研讨、协调沟通，集中技术力量联合攻关，终于在狭小空间内实现冗余交错驱动布局全双余度作动器设计，大幅提升了系统可靠性；突破分布式交叉独立控制与故障检测重构技术，实现故障自主诊断与隔离，智能重构驱动单元，确保应急状态下仍能够完成刹车功能。同时，团队博采众长，借鉴现有工程研制经验，创新性提出推力自学习算法，解决推力传感器零漂和时漂问题，提高了系统实时控制精度。

样机研制只是万里长征第一步，外场试飞才是决定成败的关键。团队人员走南闯北，足迹遍布祖国大地，历史见证了团队敢于创新、勇于挑战的决心。团队研制的刹车装置成功在无人机上完成批量配套，已帮助无人机顺利完成上百架次起降。

巧借东风，推陈出新

大气数据系统为无人机提供静压、总压、大气温度、攻角、侧滑角等重要飞行参数，如果没有性能优越的大气数据系统，就好像人类没有功能健全的感知器官，其重要性不言而喻。为了给无人机装上灵敏的感知系统，团队成员可谓“八仙过海、各显神通”。

年轻研发人员发挥学习能力强、英文水平高的特长，查阅国内外相关文献，但凡跟大气数据系统相关的技术资料都收入囊中。同时，资料收集小组牺牲自己的休息时间，在 2 周时间内便总结出大气数据系统的技术路线。

团队成员合力设计工装

团队骨干人员结合测控事业部传感器产业优势，与传感器技术室组成联合攻关团队，深入研究大气数据系统的传感器设计方案，最终敲定全国产化传感器方案，其性能指标优于进口器件。

仅仅拥有一套性能优越的硬件系统，对于大气数据系统来说还远远不够，软件算法才是大气数据系统的核心。研发团队多次走访行业相关单位，向技术人员深入探讨其中奥秘，结合硬件电路的设计优势，为大气数据系统量身定制最优软件算法，助力大气数据系统成为无人机最靠谱的感知系统。

团队连续轮岗奋斗在风洞试验第一线，根据第一手试验数据，对算法不断优化，经过十几轮迭代，大气数据系统成功获得了理想的性能表现。地面验证试验告一段落，团队成员早已摩拳擦掌、跃跃欲试，飞行试验圆满结束的消息传来，大家紧绷的神经并没有放松。在严谨分析各项飞行数据之后，大家终于长舒一口气，可以大声宣布“我们研制的大气数据系统就是优秀的感知系统，安装了我们系统的无人机就是牛”。

雄关漫道真如铁，而今迈步从头越。团队深知，未来的道路还很长，不容一点马虎和懈怠，唯有不惧挑战，才能在建设航天强国的道路上越走越远；唯有自主创新，才能在实现伟大复兴的进程中越走越实。

青春正当时　勇闯光学膜“无人区”

功能膜研究青年团队，来自中国乐凯所属合肥乐凯高性能膜材料研究所，团队成员共14人，其中青年占71.4%。团队主要聚焦新型显示光学功能膜的技术研发和产业化工作，解决了高雾度/高辉度、高耐磨/低翘曲等多个高端光学功能膜领域的技术矛盾难题，国产光学功能膜的卓越性能迫使日韩企业放弃同类产品的生产销售。多个项目荣获中国轻工业联合会科技进步奖二等奖、第二十三届中国专利优秀奖、第十一届安徽省专利奖优秀奖、安徽省科学技术奖二等奖、集团公司科学技术进步奖二等奖、集团公司青年科技论文一等奖等奖项。发布国家标准4项、行业标准9项，授权发明专利77件。开发的多个产品成为合肥乐凯的支柱型产品，CP1020型复合膜销量连年翻番，全球市场占有率超过30%，多个产品连续三年销售增长超过40%。

突破光学功能膜核心技术垄断，让光学功能膜材料制备技术不再受制于日韩企业……近年来，功能膜研究青年团队通过努力奋斗，逐步实现了新型显示用光学功能膜材料国产化，收获累累硕果。

团队合影

潜心钻研，让科研成果“走出”实验室

这是一支勇闯光学膜“无人区”、善于“和敌人掰手腕”的青年先锋队，团队拥有产业化的扩散复合膜、触摸屏硬化膜、车载防爆硬化膜、偏光片表面处理膜等产品，光学薄膜的卓越性能迫使日韩企业放弃同类产品的生产销售，实现了新型显示上游原材料的国产化。

10 年前，液晶显示器背光模组的扩散复合膜基本依赖进口，全球的需求量为 3 亿平方米，但在国内却是一个“新”产品，其关键材料和技术均被日韩垄断。该青年团队勇于接受挑战，攻关扩散复合膜产品。在青年技术骨干李恒的带领下，团队加班加点，从基础研究做起，查阅资料、设计配方、性能测试，不断积累数据，优化涂层性能，耗时 6 个月的技术开发终于在实验室涂出合格的产品。

但如何“走出”实验室实现产业化，是摆在这支青年团队面前的新难题。从初期中试试验线上百次的小试到车间 64 次中试放量，解决了高雾度高辉度、鸡蛋翘（egg-mura）等技术难题，经过青年团队无数日夜的辛勤摸索，CP1020型扩散复合膜产品终于面世，开发了雾度1%~96%等系列化产品，产品稳定供应中国台湾、韩国等国内外企业，合肥乐凯成为国内唯一能生产扩散复合膜的企业。更重要的意义在于，扩散复合膜技术的突破，带动国内增亮膜企业的繁荣，更实现了背光模组功能膜实质性的国产化。

CP1020型复合膜在2014年实现量产，数年间实现产量接连翻番，全球市场占有率超过30%。复合膜能够如此迅速地发展，体现了青年团队铸剑斩浪的决心和勇立潮头的信心。复合膜的开发和产业化打破了国外的技术垄断，成为合肥乐凯的“拳头”产品，先后获得多项荣誉。

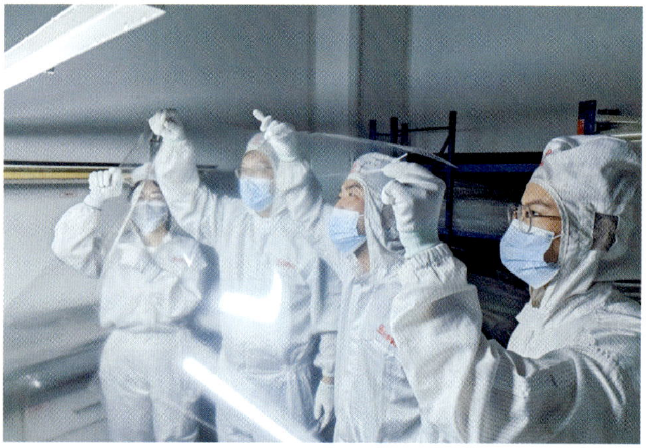

团队在暗室环境下观察样品点缺弊病

厚积薄发，研发创造价值

实现屏幕触控，需要一张触摸屏硬化膜来做镀膜载体，这张膜仅有日本2家企业可以做。“起初，国内同行得知我们的产品开发目标是触摸屏硬化膜时，都觉得不可思议，认为这是不可能做到的。”团队成员徐倩倩自入职起，便着手开发该产品，一步步见证从不可能到占据“半壁江山”。自主开发的触摸屏硬化膜，性能卓越、产品利润高，迫使其中一家放弃了该产品的生产销售，目前合肥乐凯的产品和另一家企业产品各占50%份额。该项目产品获得中国轻工业联合会科技进步奖二等奖、安徽省专利银奖。

不久前，中国乐凯召开技术创新表彰大会，车载防爆硬化膜摘得产品开发项目奖二等奖。贴附防爆膜已经成为新能源汽车的标配。车载防爆膜因其技术难度大、产品要求高，一直都是从日韩进口，价格高达一平方米1000元。该团队抓住发展机遇，提前谋篇布局，攻克多项关键技术，进行多次、长期耐候性测试，性能指标达到国际先进水平，符合严苛的德日汽车标准，产品应用于汽车显示屏，终端产品应用在蔚来、比亚迪、通用、大众等知名车企。在2023年显示屏市场下滑背景下，通过新产品、新客户开发，硬化膜销量呈增长趋势，并拓展了在手写板、车载显示、阻隔膜等新领域的应用，自主研发的高毛利产品有力支撑了合肥乐凯发展。

团队成员在生产线讨论实验结果和下一步方案

砥砺前行，技术创新的步伐永不停歇

几千次的产线涂布实验，几十万组测试数据，记录着队员们的奉献与付出，光学功能膜团队先后开发了几十种光学功能膜产品，应用在显示器、车载屏幕、阻隔膜、偏光片等各个领域。在一次次从实验室技术走向产品应用的磨砺中，光学功能膜团队不断积累创新经验，“青春”和“创新”是这支团队的底色，他们将继续砥砺前行，技术创新的步伐永不停歇。

逐梦寰宇　铸造卫星“中国心”

航天电源技术及产业化团队，来自深圳航天科技创新研究院，团队成员共52人，平均年龄31岁，主要从事宇航电力电子产品研发，先后获得国防科工局科学技术发明奖一等奖、深圳市2017年科学技术奖一等奖、集团公司科学技术发明奖一等奖、集团公司科技创新团队奖、集团公司金牌班组称号等荣誉。

航天电源技术及产业化团队以“打造可靠卫星‘心脏’、提供稳定优质能源、建设一流电源团队”为宗旨，先后突破关键技术数十项，研制出了拥有全部自主知识产权、实现核心单机自主可控的国产化电源控制器，创造多项国内第一，创造直接经济效益逾10亿元，整体技术达到国际先进水平，关键核心技术指标居国际领先水平。

勇于创新突破，攻克卫星电源设计技术难题

卫星电源控制器是卫星系统中的核心组件，负责为卫星平台和载荷提供稳定可靠的高品质电能。它包括上千个零件和数万只元器件，需连续稳定在轨工作，是整星机、电、热最复杂的单机之一。面对极高的技术门槛，航天

团队合影

电源技术及产业化团队毅然选择了最艰难的道路——自主研发。

在技术研发阶段，团队遇到诸多棘手问题。一次，某型号在轨出现异常问题，他们第一时间集结全部力量投入“战斗”，开启24小时不间断专项问题攻关。期间，团队依托设计初期建立的全面完备的仿真平台完成问题定位，并通过对在轨数据逐帧分析，实现在轨问题成功复现，解决了异常问题，在轨验证有效可行。这次考验让他们坚信，国产化攻关的路虽然难走，却是增强自主创新的能力和实力、真正取得核心技术突破的必由之路。

凭借艰苦奋斗的创业精神，团队接连突破“高压大功率电源控制器高动态控制技术”等关键技术数十项，研制出了拥有全部自主知识产权、实现核心单机自主可控的国产化电源控制器，系列产品涵盖北斗三号等重大型号任务，研制成果填补国内空白，解决电源控制器长期受制于人的“卡脖子”问题。

成于质量至上，确保卫星电源稳定在轨运行

卫星身处太空，电源体积小、功率需求高，极易受到轨道距离、空间环

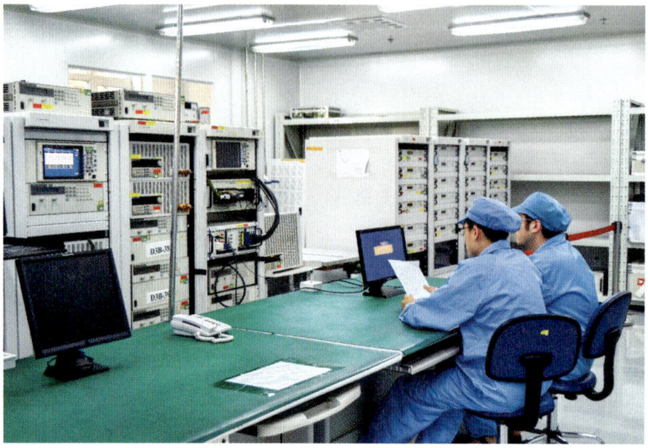
PCU整机产品整机自动化测试

境等因素的影响。而一旦卫星电源控制器出现突发状况，地面无法进行控制，只能“干着急”。

如何提高卫星电源控制器的可靠性、安全性设计？面对挑战，团队选择以认真、扎实的工作，应对恶劣的空间环境所带来的不确定性。2021 年春节期间，为确保某型号产品节后交付，团队成员毅然选择坚守岗位，保障产品如期交付。于他们而言，身上的实验服就是“战袍”，只要产品运行正常、型号研制任务能如期完成，他们甘愿作“逆行者”，放弃节假日休息奋战一线也毫无怨言。

通过多年潜心耕耘，团队研制出了卫星电源控制器、电推进电源、高端特种电源等系列产品，广泛应用于多个领域卫星及空间站等重大型号任务中，其中卫星电源控制器类产品在轨 70 余台，在轨累计寿命 100 余年，为我国航天事业的发展提供了有力支撑。

精于锐意进取，创造多项“国内第一”

匠心成就质量，文化铸就内功。团队继承了航天人严慎细实的作风，秉承“质量至尚”的理念，将保障卫星安全生命线——供配电系统的可靠稳定运行作为信仰，所有产品均稳定运行。

立足于深圳这片热土，团队将航天精神和特区精神相融合，实行项目组和专业组交错管理模式；同时加强政治理论学习，营造“比、学、超”的学习风气，从前沿技术调研、专业领域拓展、成熟技术积累等维度持续提升专业能力、壮大专业队伍。

在高标准、严要求的不断锤炼下，团队迅速成长，研制成果创造了多项“国内第一”，助力国产化电源控制器实现了从跟跑、并跑到领跑的跨越发展：研制的第一代电源控制器于 2015 年实现首飞，成为国内航天第一款 100 伏母线全调节 PCU 在轨产品；研制的第二代电源控制器于 2019 年实现首飞，成为全球范围内航天第一台 20 千瓦级超大功率 PCU 在轨产品；2020 年研制国内首台大功率隔离复合母线 PCU 在遥感卫星成功应用；2023 年研制国内首台高轨大功率高压 100 伏 PCDU 产品成功应用。

PCU功率模块电路验证测试

展望未来，航天电源技术及产业化团队将坚定不移听党话、跟党走，努力在航天电源领域取得更多突破，奋力书写为推动实现航天科技高水平自立自强挺膺担当的青春篇章！

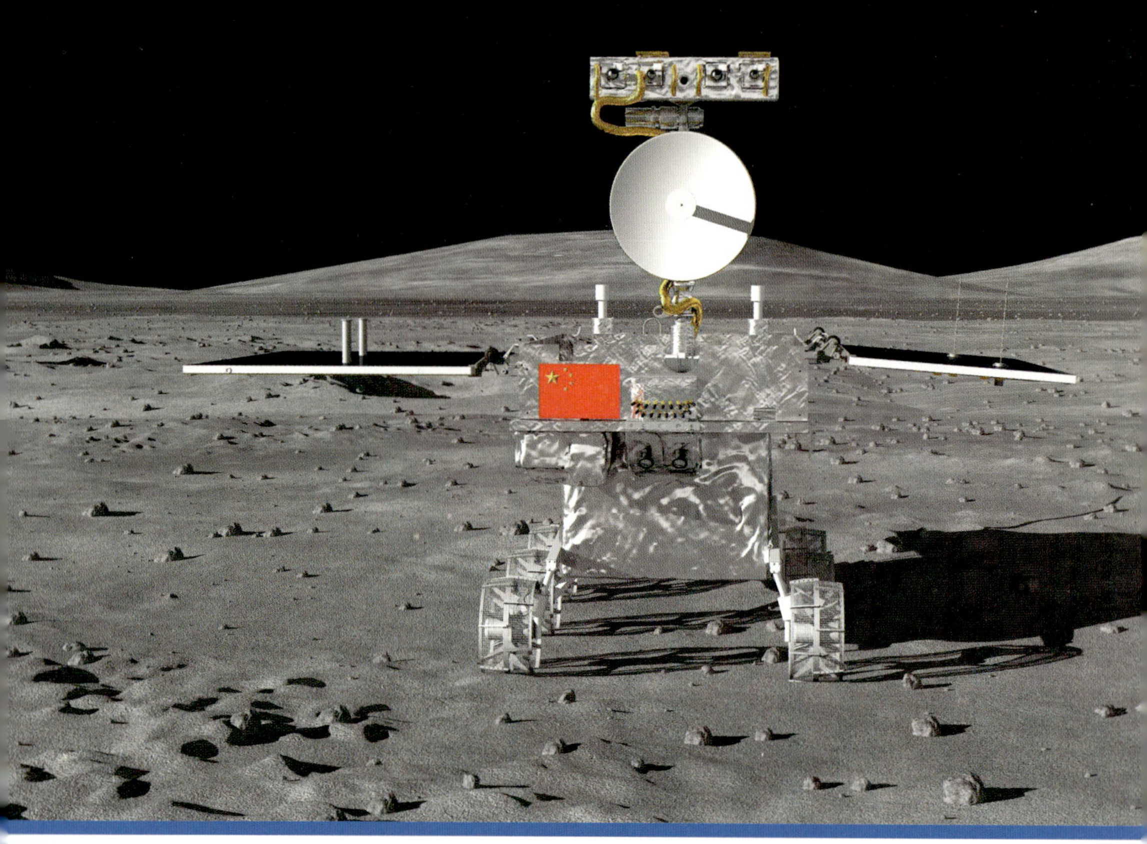

青创行远　拓展产业应用

创新必须落实到创造新的增长点上，
把创新成果变成实实在在的产业活动。

星语北斗开拓者　助力“数字巴基斯坦”

星语北斗开拓者青年创新团队，来自中国空间技术研究院航天恒星科技有限公司，团队成员共13人，其中青年占69%，主要专注研究北斗卫星地面应用系统，致力于北斗系统产品国际化。团队秉持“自主创新、开放融合、万众一心、追求卓越”的新时代北斗精神，先后完成了东盟二期北斗CORS系统的研制、A星地面应用系统SBAS分系统的研制和交付以及MM1卫星地面应用系统的研制与交付。

在中巴合作的宏大舞台上，巴基斯坦 MM1 项目宛如一颗璀璨之星，承载着无限的希望与可能。正如易卜生所说：“伟大的事业，需要决心、能力、组织和责任感。”星语北斗开拓者青年创新团队便是带着这样的信念投身于此项目。

项目包含高通量信关站系统（HTS）和星基增强系统（SBAS）两个关键系统。其中，SBAS 作为中国首个国际出口的北斗三代星基增强产品，项目新研技术多、研制难度大，国内模拟测试难度大；用户对项目的要求极为苛刻，实地测试涉及的多种应用场景，复杂程度甚至超出了科研项目的研究范畴。

面对挑战，星语北斗开拓者青年创新团队未有丝毫退缩之意。团队秉持着“特别能吃苦，特别能战斗，特别能攻关，特别能奉献”的工作作风，以

团队成员与海外用户合影

“自主创新、开放融合、万众一心、追求卓越”的新时代北斗精神为动力源泉，一步一个坚实的脚印攻克重重难关。他们如同无畏的航海者，在惊涛骇浪中奋勇前行。

创新妙法破思维之茧，群智交融凝智慧之晶

在系统研制阶段，团队如同智慧的探险家，针对新研技术点和潜在风险点，依据用户实际需求，运用整体思维开启全方位的探索之旅。

在国外已有的SBAS中，没有能支持GPS/BDS双系统增强信息播发的SBAS。项目的研制没有数据支撑，这无疑给项目带来重重困难。团队经过一遍遍理论计算、模拟推演，利用网络与用户进行深入探讨，挖掘终端在各种场景的创新应用价值，最终寻到了最接近真实环境的解决方案，高质量完成了项目研制。SBAS加密播发增强信息是加密在国际上SBAS播发的首次应用，团队为用户提供了全新SBAS运营方式，进一步推动了SBAS应用商业化。

巴国星途启北斗之桥，逆行出征践航天之梦

2024年3月，巴基斯坦发生针对中国工程师的恐怖袭击，赴巴人员数量受到严格限制，海外实施团队人数减半，同时应巴方用户及长城公司要求，为应对紧张的国际局势将提前开展项目验收。

“沧海横流，方显英雄本色。”项目团队逆行出征，冲锋在前。在得知巴方的紧张局势时，每一位成员最先担忧的是项目的进度，大家紧急召开会议，纷纷献计献策，提出多种缩减实施时间提高实施效率的解决方案。

这其中，团队青年的出色表现获得了国际用户的高度认同和赞誉。团队成员贾朔凭借深刻的系统理解以及熟练操作能力，高效开展系统集成测试，能快速排查并解决现场系统问题，被用户誉为“Skilled Professional”（技艺超高的专业人士）；团队负责人余永博像是一位出色的“外交官”，能够用简单易懂的方法给用户讲解系统技术原理，被用户亲切地称赞为“Excellent Team Player”（出色团队合作者）。

团队成员在深夜攻关系统接口测试

克服重重困难，项目得到了稳步推进，获得了客户的一致好评。团队青年再一次用行动将“自主创新、开放融合、万众一心、追求卓越”的新时代北斗精神带向海外，走向世界。

北斗耀辉铺中巴之路，合璧助力促发展之途

MM1 卫星地面应用系统项目的成功交付，宛如一颗希望之星，照亮了“数字巴基斯坦”的建设之路。SBAS 作为中国首个国际出口的北斗三代星基增强产品，有力地服务于“北斗走出去”国家战略，提升了巴方的导航精度，推动了巴方测绘勘测、精准农业、精准矿业、智慧交通以及其他海陆空导航系统的技术发展。

团队成员在巴基斯坦为用户排查解决现场问题

星语北斗开拓者青年团队勇于创新、艰苦奋斗，顺利完成系统研制交付，编织起中巴双方合作的紧密纽带，促进了中巴双方的良好合作，为支撑国家“一带一路”倡议添砖加瓦，在中巴合作的画卷上留下了浓墨重彩的一笔。

大推力火箭发动机试验实现“批产化”

液氧煤油发动机试验青年团队，来自航天推进技术研究院西安航天动力试验技术研究所，团队成员共64人，其中青年占73%，主要从事我国新一代多型运载火箭主动力发动机的研制试验、试验技术研究、系统设计等任务。先后获得中国载人航天工程突出贡献集体、陕西省青年五四奖章集体、陕西省国防工业系统青年创新创效大赛一等奖等荣誉。

当前，空间站建造与运营、载人月球探测、深空探测等任务并行开展，各型新一代运载火箭对液氧煤油发动机的需求激增，对液氧煤油发动机工艺验收试验提出更高要求。怀着建设航天强国的决心，液氧煤油发动机试验青年团队突破了关键技术瓶颈，实现年试验能力由 45 台提升至 70 台，产能提升 55.6%，这群年轻人用实际行动证明了自己，坚定走在“驭火飞天，试验报国”的道路上。

破立并举，打造试验新模式

“磨刀不误砍柴工”，团队负责人高强深知仅通过加班来完成与日俱增的试验任务显然不科学，他召集青年们集思广益，决定转变试验台运作理念，

团队合影

将其重新定义为具备独立功能的站位组合，建立脉动式流转节拍，打造适应批产模式的试验流程，细化工序执行管控。

说干就干。青年们利用试验间隙开展头脑风暴。

“目前手动操作的环节太多了，我们可以重新设计、精简试验环节。”团队成员向民说。

“也许单元化、模块化，可能实现两到三台发动机同时在试验台开展准备工作。”团队成员何翔提议。

讨论—计算—仿真—再讨论，不断迭代，崭新的试验模式雏形跃然纸上。以试验单元为基础，构建功能区块管理模式，发挥整合优势，针对制约效能提升的环节进行优化，参试人数由 53 人减少至 23 人，试验周期由 5 天缩短到 3 天，不仅提高了系统可靠性，而且降低了人员工作强度。

数字赋能，实现“三个目标”

团队紧跟目前数字化发展需求，开展“目标大讨论”，确定了三个必须达到的目标。“我们要对照世界一流，实现‘三个目标’，赶上和超过世界先进水平！”这是在“目标大讨论”活动记录上的一句话。

团队进行技术研讨

首先，要状态监测和预警。青年们建立了试验台三维模型，实现了工艺系统数字化管控。同时打造数字化健康管理模式，运用覆盖试验全周期与全流程的产品保证方法，实现全流程状态监测和预警。

其次，要降本增效。团队建立发动机对接系统三维模型，实现了产品数字化模拟装配；推进试验系统联合仿真，基于数字仿真技术设计了封闭式燃气导流排放系统，燃气降噪效果提升30%，冷却水复用率超过70%。

最后，要实现精准的自动化。团队分为两大攻坚组：第一组把理论学习与工程实物相结合，引入一体化试验自动测试平台，实现传感器快速对接测试、数据自动判读、报告自动生成等；第二组验证大量新工艺和新方法，采用高精度伺服控制技术，提高推力原位校准系统精度和稳定性，应用低温介质精确整流技术，提升大口径涡轮流量计测量精度。

联动创新，释放青春动能

团队青年依托各级青创平台，把创新融入日常，形成“项目负责人—班组长—青年员工”三级纵向沟通机制，并利用“两想会”、主题团课等分享大家在创新创效工作中的宝贵经验和先进思路，提高全员创新意识和创新本领。

在提高试验效能的同时，团队聚焦发动机试前、试中、试后三个环节，开展本质安全活动。做到“事前培训、过程监督、事后检查”，形成“三查六对”法，提升本质安全，擦亮“陕西省青年安全生产示范岗”品牌。

该团队的一系列创新举措，构建了高效的液氧煤油发动机工艺验收试验体系，推进试验过程管理由精细向精益转变，为航天事业高质量发展注入了青春智慧与力量。

团队在试验现场校准设备

架构引领　创新驱动
——数字化转型双重加速器

流程与信息化中心团队，来自四川航天技术研究院四川航天长征装备制造有限公司，团队成员共45人，35岁以下青年占70%，平均年龄32岁，主要从事数字化转型规划，推动企业架构、数据治理、工业互联网等新型能力的研究与落地，承担信息系统、新型信息基础设施的建设、运营、维护等任务，推进信息技术自主研发和创新研究，负责网络安全相关工作。工作成果获评2023年国家智能制造优秀场景，团队获评2021—2022年度四川航天信息化工作先进集体奖。

数字化转型不是一个“选择题”，而是关乎企业生存与发展的“必答题”，没有路径依赖，没有标准模板，不同企业的情况千差万别，转型之路充满迷雾与未知。在四川航天长征装备制造有限公司，有这样一支青年团队，他们勇挑重担、守正创新、系统推进，开凿出一条符合公司实际的数字化转型之路，加速推动集团公司数字航天战略目标落地实现。他们就是流程与信息化中心团队。

团队合影

勘破迷雾，破晓未来：擘画“数字长征”转型蓝图

“数字化转型是什么，该怎么转？”在推进数字化转型工作初期，这支青年团队充满了疑惑。作为典型的制造型企业，公司按照“需求牵引”模式建设了一系列信息系统，但不同建设时期的系统，陈旧、各异的架构导致业务与 IT 两层皮现象层出，团队成员每天都疲于应对来自不同方面的运维需求，转型工作依然处在迷雾之中。

面对困局，团队深刻意识到，如果继续在现状中踟蹰不前，公司将错失数字化转型的良机甚至被数字化洪流淹没。为此，团队抽出精干力量，组建专班专题研究数字化转型的根本性问题和路径问题。在此后一年时间里，专班深入研究上级有关数字化的相关规划，对标先进企业实践，探讨存量与增量如何解耦、衔接，分析公司转型的核心需求……终于雕琢出公司的数字化转型顶层文件——“数字长征 1.0”数字化转型总体规划，明确了转型的定位、目标、路径。

重塑业务，构建基石：业务IT一体化，构建新转型能力

为加速“数字长征 1.0”规划落地，团队以规划为遵循，大胆创新、小步快跑，从无到有设计构建了一整套转型体系。

以企业架构推动业务 IT 一体化变革。建立“架构引领、流程主导、信息化支撑”的工作模式，以“敏捷 + 企业架构”为抓手，转型规划为指引，业务愿景为驱动，开展 6A 架构穿透式设计，推进业务 IT 一体化变革。

建立健全数字化组织及工作体系。设立公司数字化转型工作领导小组、企业架构委员会、推进办公室，在各单位设置数字化工作小组、IT 流程岗，打通转型责任链。

“数字长征”总体规划评审

打造一体化数字底座。构建“统一平台 +APP+ 重型系统 + 统建系统”的混合架构，统筹存量与增量、统建与自建关系，将集团公司统一管控平台作为底座，对增量业务采用“统一平台 +APP”建设模式，对存量业务开展持续治理和有序解耦，对统建业务坚持走集团布局路线，支撑 IT 落地。

工业互联网加快构建。按照有关标准，以多类工控网融合应用为基础打造工业互联网，自研“腾云”工业互联平台，探索不同类别生产要素的末端接入，推进“统一传输、分布式集成和边缘采集”路线落地，打通“最后一公里”，支撑数字化车间建设落地。

转型之旅，未来已来：数字长征加速建设，已现成效

数字化转型是典型的复杂系统工程，各类要素相互依存、相互影响，即便是一个小功能的上线背后也凝聚着团队付出的大量心血。推进转型工作过程中，深夜的灯火长明成了属于奋斗者的“风景”。

在团队共同努力下，“数字长征”转型路径更加清晰，企业架构工作模式基本建立，并率先实施科研生产主价值链、综合经营计划管理、资产数字化管理（一期）等业务变革项目，开展业务 IT 一体化正向设计。

数字化应用实现“质变”，指定任务全流程上线率从年初 46% 达到 96%，全任务全流程上线率达到 91%，科研生产主线基本实现数字化。数据能力有序建立，建立数据中台，实现实时数据采集。

力争试点，打造多网安全融合能力。成功争取多类工控网络建设试点，实现了多类工控网络与办公网络融合应用的数据跨网集成传输。自主开展“腾云”工业互联平台研发，实现热处理设备、回转体智能产线等集成；建成可控气氛、阳极化生产线的数字孪生，实现数实映射。

公司“工厂数字化设计、工艺数字化设计”2 项场景获评 2023 年度国家智能制造优秀场景，实现数字化转型国家级荣誉“0”的突破。

在数字化转型快速推进的背后，蕴含着这群青年航天人的拼搏奋斗，攻坚付出，集中展示了航天青年奋力建设航天强国的责任与担当，而这群青年也将为中国航天事业续写新的伟大篇章作出持续贡献。

获评2023年度国家智能制造优秀场景

自主研发全机HIRF试验系统
实现大飞机适航审定试验技术瓶颈突破

高强辐射场青年创新团队，来自上海航天技术研究院上海航天无线电设备研究所，团队成员共32人，其中青年占81%，主要从事航空航天器高强辐射场效应研究。先后承担了C919客机、AG600灭火机、预警机、ARJ21-700货机、AG300通用飞机等多个国家重大型号的HIRF首飞和适航取证工作。曾获上海市科技进步奖二等奖，集团公司科技进步奖二等奖等成果奖励。

高强辐射场（HIRF）是影响飞机飞行安全的决定性因素之一，HIRF适航符合性是飞机研制的强制要求。面向国家大飞机HIRF试验适航审定的重大应用需求，团队青年立足“扎根”和“创新”两点，利用不同专业、不同岗位优势，勇于颠覆创新，攻克了基于相位调控的多路径抑制、抗复杂电磁环境干扰的高兼容度测试等一系列重大技术难题，创新开发了国内首套全机HIRF效应试验系统。成果直接保障了C919客机、AG600灭火机、预警机、ARJ21-700货机、AG300通用飞机等多个国家重大型号的首飞和适航取证工作。

我国在HIRF适航符合性评估领域实现了国产化替代与自主可控，摆脱了

团队合影

前期 ARJ21–700 客机 HIRF 试验需委托国外机构完成的不利局面，打破了欧美等国借助波音、空客等优势平台建立的技术壁垒。经过技术迭代和市场推广，与相关单位签订了 HIRF 试验系统采购合同，并以知识产权许可的方式完成技术转让。

瞄准型号重大需求，打破国外技术壁垒

飞机飞行安全是我国大飞机事业发展的核心需求。HIRF 是指雷达、无线电、导航、广播等高功率发射机的电磁辐射，具有频带宽、峰值高和作用时间长等特点，可通过电磁耦合干扰引发飞机失控、坠毁。HIRF 已成为当前影响飞机飞行安全的决定性因素。

HIRF 适航符合性评估作为欧美等国建立的技术壁垒之一，是国产飞机的“卡脖子”技术。前期 ARJ21–700 飞机 HIRF 适航认证试验需委托国外机构完成，严重制约了我国飞机的研制进程。随着我国大飞机 C919、AG600 等型号陆续总装下线与投入市场，HIRF 适航认证测试技术有重大应用需求。

团队紧盯我国商用飞机等型号重大需求，自 2009 年起，从零开始，开拓创新，深耕自主研发 HIRF 适航认证试验证技术研究。2015 年，团队打破技

术壁垒，在国内率先完全掌握了该项测试技术。2017 年 3 月 1 日，团队顺利完成了国内首次全机 HIRF 试验，为 C919 首飞成功提供了保障，测试结果也得到了民航局审定中心的充分认可，对于我国大飞机适航认证评估具有重要意义。之后，团队相继完成了 C919 客机、AG600 灭火机、预警机、ARJ21-700 货机、AG300 通用飞机等多个国家重大型号 HIRF 试验首飞和适航取证工作，为国产飞机安全保驾护航。而这支青年创新团队目前的平均年龄不足 30 岁。

攻坚克难，填补我国全机HIRF试验领域空白

全机 HIRF 适航认证试验是飞机适航取证所必需的重大机上地面试验，涉及的专业面广、技术难度大、复杂度高，比如整机级 HIRF 效应试验在外部开阔场进行，地面测试与空中状态的不一致引入一系列行业内技术难题，如地面多路径干扰、复杂电磁环境下极弱信号传输问题。

青年创新团队攻坚克难、合力攻关，突破了基于相位调控的多路径抑制、抗复杂电磁环境干扰的高兼容度测试等关键技术，并推进系统功能自动化设

C919敦煌HIRF适航认证试验现场

计，提高整机测试效率，以满足适航认证试验时间紧任务重的要求。最终，创新团队开发了国内首套全机 HIRF 效应试验系统，实现了大型飞行器目标超宽频带、超高灵敏度的场强及感应电流探测，填补了我国飞机级 HIRF 适航符合性试验领域的空白。

向新而行、勇于开拓，成果转化硕果累累

围绕全机 HIRF 测试系统，团队青年持续发力，不断完善领域技术，拥有涉及系统研发、实施、生产等全过程全方位的知识产权，授权发明专利 20 余项，以知识产权许可模式实现科技成果转化。然后，制定行业标准，从所级标准到院级标准，从上海地方标准《航空器高强辐射场（HIRF）试验规范》立项到上海市标准化试点推进 HIRF 标准体系构建，确立所在 HIRF 产业中的主导地位。最后，创新性提出依托产品供应商在行业内扎实的用户基础开展市场推广模式，最终成功打开了国内整机 HIRF 系统市场大门。目前，所与相关单位签订了 HIRF 试验系统采购合同 2 项，开启了科研成果产业化的新篇章。

风劲帆满海天阔，奋楫潮头逐浪高。站在新的起点，团队将秉承产品及用户思维，持续创新，开拓进取，推动 HIRF 测试系统市场开拓与产品优化升级。

AG600飞机陕西蒲城HIRF适航试验现场

创新“老厂换新”模式　助力数字航天高标准建设

“老厂换新”数字化转型管理模式青年创新团队，来自上海航天技术研究院上海航天精密机械研究所，团队成员共37人，35岁以下青年占65%，主要从事企业数字化转型管理模式研究，率先研发军工领域基于微服务的企业级智能工厂赋能平台，并通过构建“平台+APP”的开发体系，打造了20余个解决业务痛点的典型应用场景，效率提升20%至1000%，满足了型号高效率、短周期研制，建成了军工行业首个企业级工业互联网平台，获评国防科技工业企业管理创新成果二等奖，集团公司管理创新成果三等奖，上海市标杆性智能工厂、工业互联网标杆平台、管理创新三等奖。

上海精密机械研究所作为院武器装备总装综测研究所，现主要承担装备总体结构和总装综测、运载火箭箭体结构和大型环境试验等航天产品的研制、生产任务，具有专业种类广、产品类型全、生产当量大的特点。随着型号种类的不断增多和生产当量的持续增加，总装单位面临着巨大的压力，不仅要保证交付任务，还要确保产品的质量。在这种高密度发射和规模化生产要求的背景下，航天产品需要实现快速研制和敏捷制造，在此背景下，所组建了

团队合影

“老厂换新”数字化转型管理模式青年创新团队，开展企业级数字化转型，全面开启总装生产数字化转型模式。

“老厂换新”数字化转型管理模式青年创新团队以转型方法论武装头脑，锐意破解“两张皮”的顽疾；以航天干事创业的精神，奋力推动企业数字化转型的花朵绽放；以鞍马未歇的坚韧意志，擂响战鼓，吹响企业数字化转型的号角。

用转型方法论武装大脑，破解“两张皮”顽疾

航天“老厂换新”是一项巨复杂的系统工程，团队始终坚持将数字化转型作为盘活存量，支撑高质量发展的核心，系统策划，构建“老厂换新”数字化转型方法论，破解业务、IT“两张皮”顽疾，推进发展效益效率新增量。针对存在大量的老设备、老工艺、老观念，数字化转型管理模式创新团队答时代之所问，凝聚转型攻坚力量，探索出一套面向离散制造企业的集“536”数字化转型模型、系统工程管理模式和“平台＋场景＋生态”的实施路线为一体的数字化转型方法论，基于该方法，率先研发军工领域基于微服务的企

业级智能工厂赋能平台，并通过构建“平台 +APP”的开发体系，打造了 20 余个解决业务痛点的典型应用场景，锤炼了一支具有创新、融合、拼搏精神的团队。

提出“536”数字化转型模型：创新团队综合考虑航天制造企业发展不均衡、保交付使命、系统工程等特色，基于管理和技术两个维度，从模式变革、管理保障、基础提升、实施路线、评价体系的角度提炼出共性方法，形成具有行业特色和普适性的“536”数字化转型模型。

践行类型号的系统工程管理模式：数字化转型 80% 是管理问题，20% 是技术问题，完善的组织管理体制是数字化转型稳步推进的基础；数字化转型涉及的部门多、业务范围广，创新团队按照航天型号系统工程管理组织模式搭建数字化转型的组织架构，在此基础上，以解决具体业务痛点为首要目标，消除组织壁垒，构建业务与 IT 的混编团队。

航天离散协同制造工业互联网平台正式开启

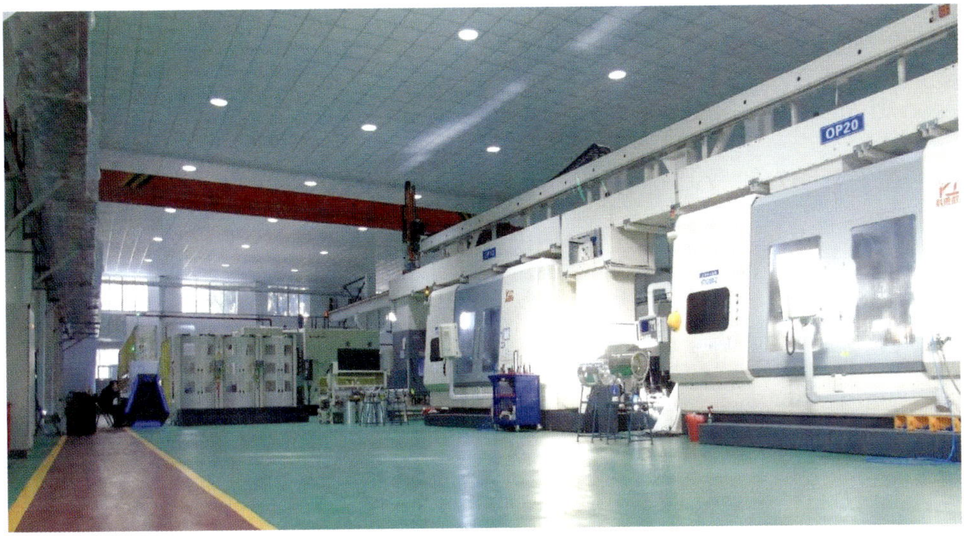

"无人化"舱体数字化产线

贯彻"平台 + 场景 + 生态"的实施路线：平台，是整个数字化转型工作的基础赋能设施，创新团队通过搭建统一的数字底座，实现数据汇聚和流动；场景，是升级科研生产模式的关键，团队坚持效率效益导向，聚焦业务痛点，按照"大处着眼、小处入手"的策略，进步快跑，精雕细琢；生态，是方向，团队通过"走出去"和"共建、共享、共发展"的服务生态创新，将数字化转型成果和经验进行产品化封装，赋能离散制造业。

用航天干事创业的勇气，推动企业数字化转型开花结果

敢为人先，在军工行业率先实践微服务技术路线

数字化企业转型和 IT 技术发展对架构提出了全新的要求，有了好的架构，数字化转型就成功了一半。如何跳出 90% 传统制造企业数字化转型失败的漩涡，为此创新团队在 3 个月的时间里密集调研了国内近 20 家优势制造企业，累计调研超过 100 人次，最终明确采用"微服务 + 中台"理念和技术对

企业信息架构进行重塑。

勇于实践，打造航天企业级特色工业互联网平台

在平台研发阶段，业务和IT人员往往围绕一个问题、一个细节争论到面红耳赤，也正是在融洽团队氛围中历经无数个通宵达旦达成了一个个共识。尤其在上线阶段，如何实现21722条在用作业计划、261698条在用生产订单、2425625条在用工序指令、51424条在用入库单、10515条在用出库单在新旧系统的平稳过渡，创新团队在上线运行期间制定了“7×24”的轮班制，经过近半年的忘我付出和持续迭代，最终实现了工业互联网平台在全所全型号应用，初步实现了业务全在线、过程全透明和信息全追溯。

小步快跑，实现“自动化、智能化、透明化”数字化场景

创新团队按照“大处着眼、小处入手”的策略，基于统一架构工业互联网平台，通过构建“平台+APP”产品开发体系，便捷地以“搭积木”的方式开发面向特定场景的应用服务。同时，在业务需求发生变化时，通过平台底层的微服务和“业务+数据”双中台快速进行功能开发，实现业务场景的敏捷迭代。

鞍马未歇，战鼓催征，我们永远在路上

管理成效：建立了数字化转型“老厂换新”模式

创新团队基于自身实践经验，建立体系化的“老厂换新”模式，包括：数字化转型五大原则、“工业2.0补课、3.0覆盖、4.0试点”的推进纲领、“按照类型号系统工程的模式系统推进”的推进策略、“平台+场景+生态”的实施路线，并从离散制造企业数字化转型面临的共性要素——转型规

划、组织保障、基础能力、实施路线、评价体系五个方面给出数字化转型行动指南，形成《航天制造企业数字化转型发展专题研究报告》，在集团内得到推广。

经济效益：助力数字航天建设落地生根

创新团队通过开展企业级数字化转型实践，打造了基于工业互联网的智能化柔性制造能力，率先推出了具有自主知识产权的航天离散协同制造工业互联网平台；并以业务模式变革为牵引，打造了空气舵全自动激光焊接单元、“无人化”舱体数字化产线、数字化总装生产线、基于AI的智能云检测等典型工业应用场景，初步测试，平均年度效益额4000万元，应用环节效率提升20%至1000%，智能车间典型场景无纸化率100%，企业信息100%互联互通，这些技术指标大幅提升了航天产品批产研制能力，有效助力数字航天高标准建设。

社会效益：服务产业，发挥示范引领效应

创新团队通过数字化转型实践，固化标准规范20余项，实现“国家级-市级-区级”智能工厂全覆盖，获得上海市10家标杆性智能工厂和上海市“工赋上海”十大领军企业称号。秉承“源于航天、服务产业”的理念，通过模式复制、平台赋能、场景转化、生态共建等方式服务企业10余家，建设成果不仅可应用于航天离散制造企业，还可推广应用于其他多品种、小批量产品的柔性制造，可为离散制造企业提升制造过程柔性化与智能化水平提供借鉴，具有较强的示范引领作用。

不经一番寒彻骨，怎得梅花扑鼻香。军工行业首个企业级工业互联网平台、全国军工行业管理创新成果二等奖等一系列成果是对团队成员拼搏精神和辛勤付出的最好诠释与认可。鞍马犹未歇，战鼓又催征，面对新形势、新要求，团队正以高昂的斗志迎接新一轮挑战。

青春唱响筑梦路　创新托举紫微宫

空间站梦天实验舱总装创新团队，来自上海航天技术研究院上海航天设备制造总厂有限责任公司，团队成员共20人，35岁以下青年占83%，主要从事空间飞行器总装技术研发，参与了空间站梦天实验舱研制，曾获中国载人航天工程突出贡献集体、集团公司科技进步奖等荣誉。

团队青年敢于有梦、勇于追梦、勤于圆梦，面向大型长寿命载人航天器的高效精确总装及测试需求，不断创新实践，突破了以大型飞行器总装过程复杂管路系统装配和大载荷机柜无应力装配展开为代表的一系列关键技术，实现了中国空间站梦天实验舱的高可靠、高质量装配，保证了该大型飞行器长期在轨稳定运行。

迎难而上，航天青年架就筑梦梁

2010 年 9 月 25 日，中央审议批准了空间站工程任务，通过发射核心舱、问天实验舱、梦天实验舱，经在轨组装建造建成我国的空间站。中国空间站梦天实验舱作为国内最大的空间飞行器，是空间站建造的重要飞行器之一，整舱净重近 23 吨，地面起吊质量约 29 吨，整舱高度达 17.9 米，外包络直径达 4.2 米。

梦天实验舱总装创新团队合影

美、俄等国对大型长寿命载人航天器的材料和工艺技术设置了极严的技术壁垒，实验舱总装存在大量技术盲点。为保障大型飞行器长期在轨稳定运行，公司组建空间站梦天实验舱总装创新团队，开展大型飞行器总装及测试技术攻关。团队以“空杯”心态，投入技术研发突破，出色完成了地跨上海、天津、海南的总装、测试、发射场任务，成员平均年龄不足 30 岁。

创新攻坚，技术突破铺就逐梦路

梦天实验舱由工作舱、货物气闸舱、载荷舱及资源舱组成，不同舱段功能各异，总装需求与难度不同；要求团队在创新攻坚的道路上，不断翻山过滩。

针对工作舱大型科学实验机柜进舱安装存在的精度高、空间狭小、过程复杂等难题，开展机柜包络、安装精度和空间干涉耦合性分析，识别载荷运动对舱体结构影响，研制 5 点独立驱动、精密调姿、无级调速的机柜输送装置，解决了在封闭空间、微小间隙下的高可靠载荷装配难题，实现载荷平稳进舱、精准入位。

针对资源舱太阳翼安装过程存在的多点安装空间尺寸精度保证难题，采取尺寸链精确分配方法，识别太阳翼桁架安装面精度、对日定向装置和桁架安装精度控制要求，通过舱体结构整体加工、桁架结构精密测调、太阳翼安装面整体装调方法，实现了太阳翼多安装点情况下无应力、高精度装配。

针对大型暴露载荷平台展开试验过程中平衡质量大（400 千克）、展开驱动力小、质量状态不确定等因素导致展收可靠性低的问题，分析不同配重载荷阻力矩变化情况，研究旋转横梁平衡及暴露平台自身平衡的二次配平技术，研制了大型可展平台微重力展开装置，实现了内嵌式大型暴露平台微重力可靠重复展收。

针对密封舱微生物防护要求高、微生物来源识别不到位的问题，建立微生物样品菌株多样性及其分布特征模型，分析微生物类型，定制微生物监测方法，制定严格的微生物控制方法，研制二次更衣风淋装置，减少产品、人员将微生物引入密封舱的风险，降低有害气体和颗粒悬浮物在舱内的遗留浓度。

梦天舱总装工作现场

在技术创新和集智攻坚的过程中，梦天实验舱总装创新团队形成了多项技术成果，申请和授权 10 余项专利，研制总装与测试装置（设备）20 余台套，为空间站建造及后续重大工程任务积累了技术经验。

甘于奉献，严慎细实成就航天梦

2022 年 8 月 6 日，梦天实验舱经海路成功运抵海南文昌发射基地，距计划发射日还剩不到 90 天。为了给团队、给祖国交出一张满意的答卷，青年队员在整个海南试验阶段都绷紧神经，严格执行质量标准，反复梳理每一个要求，反复核查每一个操作，反复确认每一个细节。通过详尽的工艺流程和严格的管理，确保了精测、检漏、设备安装测试、四舱对接等总装任务的顺利圆满完成，为后续水平电测、转运加注乃至发射环节的成功打下坚实基础。

2022 年 10 月 31 日 15 时 37 分，梦天实验舱乘坐长征五号 B 遥四运载火箭从文昌发射场冲向云霄。梦天实验舱的柔性太阳电池翼按指定动作完成展开后，发射场测控大厅里传来了“梦天实验舱发射试验任务圆满成功”的消息，掌声此起彼伏，呼喊声震耳欲聋！

梦天舱发射场转运现场

潮平两岸阔，风正一帆悬。中国空间站在轨建造已圆满完成，但中国航天事业方兴未艾，空间站梦天实验舱总装创新团队将总结经验、固化知识，不断开拓创新，为空间科学领域发展再创佳绩！

将航天精神讲准　讲深　讲透　讲活

苏若皓，1992年2月生，来自中国航天电子技术研究院西安微电子技术研究所，主要从事共青团和青年工作，担任陕西省科学家精神宣讲团成员、西安市雁塔区青联委员，曾获陕西省优秀共青团干部、陕西省国企青年创新创效大赛二等奖等荣誉。

为解决青少年群体航天科普工作中长期存在的“故事讲不准、精神讲不深、专业讲不透”等现实问题，作为陕西省科学家精神宣讲团成员的苏若皓和所内青年组建了一支宣讲队伍，以“航天人讲航天事”的形式打造了“航天精神第一课”这一科普品牌活动，向社会展示了中国航天青年的良好形象，让航天精神在当代青少年血脉中接续传承，相关事迹获得了共青团中央宣传报道。

机缘巧合下的“筑梦之旅”

故事的起点要追溯到2019年。一所小学的辅导员联系到在所担任团支部书记的苏若皓，希望在科技节开展一场“航天进校园”活动。一周后，一场别开生面的“航天课堂”如期上演：围坐一圈的师生们共同倒数，学生亲手制作的“水火箭”腾空而起，全场掌声雷动。

苏若皓为小学生讲授《课本中的中国航天》

活动后，通过和校领导、老师的进一步交流，苏若皓了解到当前中小学生对航天领域存在着极大的求知欲，但课堂上仅停留在对《太空一日》《钱学森》等课文的讲解，缺乏知识和精神的全方位传授。一个大胆的想法涌现出来——“让航天青年讲述航天故事”。通过所团委的平台，他结识了一群志同道合的小伙伴，开启了这场“筑梦之旅”。

躬身实践中的“道阻且长”

如何将航天故事讲准、讲活，是苏若皓面临的首要问题。依托建设航天精神教育基地这一契机，他参与其中，累计采访了 50 余位平均年龄 80 岁的老专家，整理录音时长近百小时，并留下珍贵的影像资料；收集出“油毛毡里闹革命”“烧杯煮芯片”等创业小典故 30 余个和“156 工程处”初创合影、“580 试验”成功大会邀请券等宝贵史料。

2021年10月，教育基地在骊山脚下盛大揭幕，300余张、100余件虽已失去原始功能却浸满岁月气息，沉淀着发展印记的老照片、老物件正式展出，它们生动讲述着中国航天微电子和计算机事业艰苦起步、发展壮大的奋斗史，也为后续讲准航天故事提供着有力支撑。

如何将中国航天的宝贵精神财富讲得既有高度，又有深度和力度，是理论学习过程中面临的最大挑战。

“去原文找答案！”作为陕西省青马工程学员的苏若皓率先提出这一观点，他和青年们在所官微开设“青春诵读”栏目，共同录制了13期理论有声书，并依托演讲比赛、青马讲堂等形式，磨炼宣讲本领、提升理论素养。

演讲台上，眼神自信而坚定；录音棚中，话语有力又铿锵。青年们正深刻理解、苦练技巧，为“航天精神飞入寻常百姓家”打下坚实基础。

苏若皓和青年们共同录制“青春诵读”

如何将航天原理准确传达给经历背景不一、认知水平不同的受众，是课堂实战后发现的新问题——城市的小学生对“探月工程”如数家珍，而偏僻区县的中学生却连航空航天的区别都知之甚少。

为此，苏若皓查阅了大量中小学教材和辅导书，并登门向不同地区、年级的老师请教，构建了一套“三级三类”课程体系，围绕发展历程、专业原理、精神弘扬三方面设置了知识普及、兴趣激发和信仰坚定三种授课目标，形成特色课程 12 节，将佶屈聱牙的航天原理逐一讲透，确保航天精神的内核跨越专业、年龄和认知的壁垒。

倾心逐梦后的“云开月明”

“肩鸿任钜踏歌行，功不唐捐玉汝成。”通过长期的实践积累，“航天精神第一课”这一品牌示范效果已初见成效。

一方面，当代青少年投身国防的信念进一步坚定。通过讲授中小学知识与航天的对应关系，青少年对专业知识和航天精神的理解认识进一步加深。课后回收的问卷调查显示，90% 的听课群体表示对课本学习有所帮助，78% 的青少年表示愿意投身国防建设，54% 的听课群体表示愿意推荐身边同学和朋友增进对航天的学习了解。

另一方面，社会各界对航天事业的认同进一步提升。通过持续输出文化与精神，极大增强了社会各界对航天文化的认同和共鸣。复旦、西安交大、西北工业大学等知名高校及中小学纷纷与单位共建教育基地，多名青年受聘为校外辅导员、社区大学科普讲师，近三年开展活动频次和参与人数分别增长 152% 和 230%，实现青少年与航天的双向奔赴。

关于《赓续航天精神 共筑星河梦想》的课后调研

您的性别：［单选题］

选项	小计	比例
男	199	53.64%
女	172	46.36%
本题有效填写人次	**371**	

您的年龄段：［单选题］

选项	小计	比例
7~12岁【小学】	25	6.74%
12~18岁【中学】	332	89.49%
18~30岁【大学及以上】	4	1.08%
30以上	10	2.7%
本题有效填写人次	**371**	

“航天精神第一课”课后调查问卷统计（部分数据）

“讲好航天故事，弘扬航天精神”，这一直都是苏若皓和他的小伙伴们秉承的初心和动力。未来，他们也将坚守着“传递知识、传播文化、传授精神”这一宗旨，在赓续航天精神、建设航天强国的新征程中贡献青春智慧和力量。

创新管理机制　护航重器出海

E14项目组，来自中国长城工业有限公司区域一部，团队成员共2人，其中青年占50%，主要从事航天产品国际化研究，参与了E14无人机一期及二期项目，项目组成员曾获中央企业青年岗位能手、集团公司军贸先进个人、集团公司优秀共产党员、集团公司杰出青年、集团公司青年岗位能手。

E14 项目组奋斗在航天国际化一线，以“自主创新、团结协作、攻坚克难、追求卓越”的新时代北斗精神为驱动，以数据分析的方式在国际谈判中攻坚克难，为实现航天产品市场化提供新思路。同时，为构建有效的航天产品国际履约保障机制，E14 项目组细致梳理项目执行全流程工作，在公司领导的统筹支持下创新形成了快速响应、风险预判、协调一致、合约必守的履约原则。

攻坚克难拓市场

自数年前 E14 无人机一期合同签署后，各国供应商加大公关力度，纷纷与该国签署了一系列合作谅解备忘录，抛出全套解决方案。面对激烈的竞争，

E14项目组两位成员合影

项目组迎难而上、敢打硬仗。根据该国国防采购预算按项目单独逐级批复的特点，团队系统化分析统筹项目前期攻坚工作，全力做好该国空军用户、国防部、议会、财政部等部门工作，以续订形式获得了巨额专项预算。

为加强对接，项目组应该国国防部邀请，出访开展无人机二期增订项目洽谈，持续奋战 242 天，先后经历了资质预审、补偿贸易谈判、绿皮书（当年国防预算）批复、资金来源确认、标前澄清、招投标、合同标的物确认、技术方案澄清、价格谈判、合同条款谈判等，与该国国防部、空军、国防工业部门开展了上百场会谈。

二期续订与一期项目时隔 4 年，产品出厂价大幅上涨。外方在预算总额及配置已批复的前提下，认为产品不应涨价，对价格调整反应激烈，我方面临着巨大的财务压力。项目组勇于探索、协同攻坚，多方搜集国内外权威金融机构有利资料，通过大数据分析手段，整理形成翔实的产品价格“上涨”支撑材料。项目组围绕价格核心要素，依靠相关支撑材料，与外方开展了多轮商务谈判，最终实现了较一期外部合同价格上涨 9%，并与外方签署了无人机二期增订合同。在激烈的竞争形势下，既保证了项目落地，又为将来的合同履约预留了充足的空间。

另辟蹊径挽狂澜

续订合同签署后，项目组又迎来了新的挑战。该合同项目资金来源原本列入2020—2024财年出口信贷机构项下，须由卖方所在国的银行提供买方信贷。由于国内现行政策规定，相关金融机构无法提供装备出口的买方信贷，项目陷入进退维谷的境地。在公司领导决策下，项目组经专项工作研讨、多方咨询财务及金融专业人士，迅速制定尝试突破外方现行采购制度的方案，通过该国国防部、财政部、议会多轮审议，在较短的时间内说服外方采纳我方建议，修改了该国国防部采购预算的批复，将资金来源从“卖方所在国银行提供贷款”变更为“全球招标融资”，为下一步合同生效奠定了基础。

与当地工业部门会谈

创新管理机制保履约

项目履约过程中，项目组与用户和生产单位进行精准对接，形成对产品质量和交付全周期严格把控，同时密切关注外部环境变化，及时动态优化应急策略，提高对内对外交流沟通的实效性和透明度，及时调整应急流程和方式，全力推进项目履约工作开展。

在二期项目谈判期间，一期合同尚处于质保阶段，项目组一边推进二期续订项目，一边积极协调国内外各方解决一期合同执行过程中的技术问题，累计解决现场各类技术问题50余次，高效保证了维修人员及所需物资及时抵达现场，确保一期合同平稳执行。

然而，在一期合同装备交付后，由于客观原因外方提出质保诉求。此时，正值续订合同谈判的关键阶段，项目组本着快速响应原则立即敦促技术团队迅速对事件进行分析，问题初步定位于机上某组件工作异常及外方飞行员应急处置不当，中方愿意免费维修。

在此基础上，项目组以“事故直接原因为操作不当，间接原因为产品故障”为前提开展多轮艰苦谈判，最终买方用户接受中方提出的事故定性及外方承担运费将事故机运回中国维修。仅以免费维修的代价，打消了用户疑虑，保住了产品在该国的声誉，避免了事件持续发酵给续订带来的不利影响。

产品发运港口

数据青春献航天　勇立潮头敢为先

集团公司主数据管理系统项目实施青年突击队，来自中国航天系统科学与工程研究院第三研究所，团队成员共20余人，其中青年占70%，主要从事航天数据资源规划治理与系统建设，先后牵头或承担科技部、工信部重点研发计划，国防科工局基础科研等预先研究项目，集团公司总体信息化规划论证等。团队成员先后获得国防科技进步奖、集团公司航天贡献奖、集团公司信息化工作先进个人、集团公司青年“五小”成果奖等荣誉。

快速发展的时代，数字化浪潮奔涌而来，势不可挡。在集团公司内部，打造了一套集团公司主数据管理体系与平台，它的核心职责是管理集团公司核心业务对象的基础数据，确保数据的统一性、准确性和完整性，如同一个巨大的交通枢纽，承载着集团公司信息的交汇与流动。

在支撑这项基础性工作中，有一支信仰坚定、业务过硬、作风优良的青年团队，默默坚守岗位奋楫笃行，他们就是中国航天系统科学与工程研究院第三研究所集团公司主数据管理系统项目实施青年突击队。

团队瞄准集团公司数字化转型的宏伟蓝图，以勇于创新的拼劲和奋发向上的干劲，开启了“统一数据标准，深化管理数据治理与应用”的奋斗新篇

团队合照

章，支撑服务集团公司在加快建设数字航天、以数字化转型引领撬动系统重构和能力重塑中行稳致远。

在主数据管理系统中，数据是管理的灵魂，也是决策的依据，更是企业未来发展的关键。团队面对一系列挑战：沟通对象繁多、数据口径不一、数据分发复杂、应用场景多变……如此复杂的环境下，这无疑是一场充满考验的硬仗。

工欲善其事，必先利其器。团队负责人当即作出决定："一定要充分开展调研，制定标准化的数据规范。"说干就干！队员们通过问卷调查、走访调研、资料查阅等方式，认真研习专业标准及业务需求；利用工作之余，快速学习研究各业务领域知识架构。

功夫不负有心人，经过日夜奋战，终于梳理出详细的业务间数据管理口径差异，并设计编制出集团公司主数据标准规范，这套规范涵盖了人员、公共基础等十多个类型，实现了在集团公司范围内主数据编码和属性标准规范的统一。项目团队深知有了标准规范“这只是万里长征第一步”，还有规范适应性、混合模式部署、系统调试……更多样、更复杂的挑战。

纸上得来终觉浅，绝知此事要躬行。吃过加班餐，队员们围坐在会议桌旁，继续研讨数据治理验证任务。即便已连续奋战多日，大家也没有丝毫懈怠，神情专注地听取负责验证的同志讲解，“大家看，这是我们经过多轮修改，新‘出炉’的‘阶梯验证任务评估方案’。”队员们纷纷肯定其可行性，“我们可以从轻量化试应用开始，逐步检验标准规范适应性。”“对！通过简单场景初步验证，积累经验，最终深入到核心业务系统上！”大家越讨论越起劲，完全没有注意到窗外夜色渐浓……以上场景只是众多头脑风暴、项目研讨的一个缩影。团队严谨论证，精益求精，在共同努力下，人员模型等多种主数据模型在最短时间内成功与门户系统集成，并上线应用。

用众人之力，则无不胜也。数据治理是一个长期而复杂的过程，仅建立标准是不够的，还需要围绕集团级管控的主数据治理和实施应用，建立全链路组织管理机制。明确任务后，团队通过不懈努力，实现了“横向协调多业务领域、纵向穿透全级次单位”，制定了统一的主数据管理流程编制规范，建立了跨部门、跨单位的工作协商和质量管理机制，实现了数据同步创建和变更全链路管理，减少了数据维护成本，最大化消除数据冗余，为今后高效可持续的数据治理奠定了坚实基础。

团队研讨

千淘万漉虽辛苦，吹尽狂沙始到金。为保障各系统集成进度和数据质量满足应用要求，团队凭借过硬的专业能力和敬业态度，连续攻坚克难。连夜调试系统接口，通宵达旦、毫无怨言；即时处理故障问题，不畏困难、冲锋在前；主动研发新型自动化工具，创新创效、开拓进取。从盛夏到严冬，从深夜到晨曦，团队始终坚守奋战在集团公司主数据阵地上，党旗、团旗、青年突击队队旗在攻关一线高高飘扬。团队利用自研工具，对多套数据完成了三轮核对与清洗，并在多类主数据中大力推广该方法，有效保障项目的整体进度与质量。

数载磨成一剑锋，今朝应战且从容。此次集团级主数据类建设项目是集团公司率先建设完成并深入应用的集团级数据底座。截至目前，项目已实现数百万条主数据的集中管理、两网应用上线和权威发布，面向各院各单位提供统一服务。项目已成为推动数据贯通融合的重要抓手，为集团公司业务协同和管理决策分析保驾护航。

勇立潮头敢为先，乘风破浪万里航。未来，集团公司主数据管理系统项目实施青年突击队，将以习近平新时代中国特色社会主义思想为指导，全面贯彻落实党的二十大和二十届二中、三中全会精神，落实集团公司第九次工作会精神，履行航天智库核心使命，彰显航天智库独特价值，为集团公司数字化转型作出新的更大贡献！

项目节点研讨

青力量　“新”驱动
勇闯“遥感+”应用新市场

龚婷婷，1990年1月生，来自中国四维测绘技术有限公司，博士研究生，工作以来主要从事民商卫星遥感大数据的应用服务技术和应用产品研究，曾获得集团公司青年拔尖人才、集团公司直属工会“巾帼建功”标兵、集团公司第三届创新创意大赛优胜奖、中国公路学会科学技术奖特等奖、中国遥感应用协会青年女科学家、第五届中国先进技术转化应用大赛优胜奖等多项荣誉。

从传统卫星数据服务模式，到信息分析和定制化解决方案为一体的全新服务模式，龚婷婷作为中国四维卫星应用服务团队的骨干和带头人，拒绝“躺平在舒适圈”，积极探索应用市场新机会、创新研发融合应用新技术和新产品。聚焦智慧水利新赛道，带领团队从 0 到 1 设计并打造“大禹智水”产品，牵引孵化出了多个千万级信息分析和解决方案服务项目，持续探索新发展格局下商业航天产业高质量发展的新路径。

求变“新”思维，定位“新”场景

“十四五”期间，国家鼓励时空信息技术与传统行业深度融合，推动数字中国建设，催生了智慧水利、智慧应急等多个新兴蓝海市场，带来了旺盛的市场需求和广阔前景。

这一背景下，行业内外数十家单位竞相设计、开发“卫星遥感+智慧水利”产品及相关业务化应用，力求抢占市场先机。作为集团公司发展卫星遥感应用产业的专业公司，面对这一重大机遇，中国四维必须挺身而出，率先突破。这个任务，就落在了龚婷婷和她的团队身上。

龚婷婷汇报“卫星遥感+智慧水利”创新应用思路

开拓新领域的过程，一切几乎从零开始。行业内可参考的业务化实用案例寥寥无几，许多“创新”不过是旧概念、老思路的重复，这使开发一度陷入瓶颈。

面对困境，龚婷婷迅速定位问题的核心症结，摒弃固有的知识框架，以“新学生”的姿态重新出发，深入钻研行业政策和专业知识，梳理应用痛点，在此基础上，创新性提出“卫星遥感+智慧水利”的融合应用新场景。这一创新将原先常规的数据服务场景扩展至涵盖10个信息分析和解决方案的综合服务场景，显著提升了遥感应用服务的广度和深度。

融合“新”技术，设计“新”体系

新场景需要新技术，不能再“走老路子”，但是“新路子”怎么走，需要思考、探索和尝试。为此，龚婷婷带领团队设计技术路线，搭建卫星遥感应用场景的“技术桥梁”。

起初，她们提出了一套基于现有传统方法优化的技术路线和解决方案，希望通过简单的调参和改进来快速满足新的应用场景需求。但在第一次场景测试时，该方法在新场景中计算精度差、时效慢，且支撑业务场景的知识体系太单一，无法适配新场景的需求。

龚婷婷与团队一起“头脑风暴”，开展产品设计

龚婷婷不得不重新审视整个技术方案，彻底否决最初的设想，另辟蹊径，从底层架构和技术选型上进行革新。

她带领团队开展技术攻关，迭代了20多版产品设计图，从系统架构、技术选型、业务逻辑、数据流程等多方面进行体系化梳理和设计，创新性完成了“1网+1平台+4支撑+M应用”多层次能力体系设计，用“1网”聚合天空地一体化的多源多模态监测数据，用“1平台”实现异构数据的处理和管理，用“4支撑”架起连接时空数据和水利业务联通桥梁，用“M应用”响应多个水利业务应用展示及分析，受到行业内权威专家的高度认可。

打造“新”产品，创造“新”机遇

定位了新场景，设计了新体系，接下来的关键是打造新产品。龚婷婷带领团队，将设计思路转化为产品，完成基本版发布上线，并开展为期两年半的多级用户试用。

问题又接踵而至，在高并发和强业务应用时，遇到了大体量高精度数据加载慢、模型计算效率差、多层级场景过渡弱等问题，产品表现不尽如人意，收到了用户的诸多批评。

龚婷婷虚心接受意见，仔细梳理、快速定位技术堵点，完成了近 50 个版本更新，逐步解决问题，实现了产品业务化应用的稳定性和高效性，经受住了实际业务的考验。

该创新成果的成功业务化应用吸引了行业的广泛关注和学习，成了“卫星遥感 + 智慧水利”新兴领域的标杆案例，切实推动国产遥感卫星市场服务从传统数据服务向信息和解决方案服务转型。这一成果还牵引孵化着多个千万级智慧水利解决方案项目，先后荣获了 2 项省部级科技奖励，申报了 8 项国家发明专利，获得了 4 项软件著作权。

“大禹智水”产品在公司首个亿级智慧水利项目的成果界面

龚婷婷深知，在这个竞争激烈的时代，任何技术的研发和应用都要有“不畏艰难、敢为人先”的创新精神。商业航天的浪潮已来，更需要有突破传统观念的勇气和决心，才能在创新的道路上不断取得新的更大突破。

坚持守正创新　筑牢信贷服务

客户服务部信贷团队，来自航天科技财务有限责任公司，团队成员共12人，青年占58%，主要围绕国家战略导向，聚焦集团公司主责主业，为成员单位产业融资提供服务和研究，曾获得集团公司六好班组、航天金牌班组等荣誉。

信贷团队是一支团结奋进、充满朝气、务实创新的队伍，是信贷服务的“窗口”。面对内外部环境的深刻变化，团队坚持守正创新，在筑牢风险合规的基础上，创造性上线“货架式”信贷产品，动态调整贷款利率，满足成员单位科研生产和两业重点个性化资金需求，为商业航天、低空经济、智能制造、绿色制造等新质生产力提供“源头活水”，不仅为新兴领域提供了强有力的金融支持，更在央企财务公司中树立了典范。

竞争潮涌，形势严峻

财务公司作为企业集团内部资金融通平台，集中集团内大部分资金，同时为有资金缺口的成员单位提供融资，是集团资金的“蓄水池”和“调节器”。2023 年，受外部银行竞争、市场环境变化和政策因素等多重挑战影

团队合影

响，财务公司的信贷规模急剧下降，市场占有率仅剩43%，集中资金未得到充分运用，服务实体经济、支持集团产业的作用未有效发挥。

近年来，人民银行多次下调信贷市场报价利率，外部商业银行尤其国有大型银行通过提供更优惠的利率、更灵活的贷款条件来吸引客户，在信贷市场上具有显著优势，市场份额持续上升，对财务公司的信贷业务构成竞争压力，不断挤压财务公司的生存空间。叠加企业经营能力承压导致信贷需求减少，相关部委对军工行业的信贷政策支持也使财务公司贷款外流，金融行业“严监管”态势加强，合规风险和信用风险加剧，财务公司信贷规模逐步收缩，团队面临严峻考验。

勇辟新径，突破困局

面对市场占有率下滑，信贷团队迅速做出策略调整：一方面加强对宏观经济动态、金融市场走势和监管政策变化的学习研究；另一方面深入成员单位资金需求一线，按研究院梳理成员单位回款节奏、授信使用率和信贷峰值情况，最终确定了“优化贷款产品线、聚焦核心主业、分级划档施策”的信贷产品策略，即按照贷款资金用途与集团高质量发展的紧密关系程度进行分级划档，从关键技术创新研发到普通民品单位流动资金，共划分为四个产品条线，每个级次按资金用途分档计价，与集团核心功能关系越紧密的，价格越低。在此基础上，财务公司由原来的大水漫灌式单一信贷品种，优化为“科创贷”“绿电贷”“产业强链贷”等 14 类精准滴灌的信贷产品。

例如，对于 771 所航天用集成电路生产设备更新改造项目，财务公司给予了新质生产力支持贷款，低于市场基准利率 100 bp；对于上市公司航天彩虹，给予低空经济专项贷款，低于市场基准利率 65 bp，支撑无人机链长单位强链固链。

设计创新信贷产品和专项优惠贷款研讨

创果盈丰，慧思绽放

信贷团队持续为集团成员单位提供创新高效、便捷贴心的金融服务。汽车零部件行业普遍结算周期长、资金回笼慢，导致处于产业链中游位置的航天模塑资金链一直紧张，融资需求较大，信贷团队秉承支撑产业发展的宗旨，尤其在汽车行业经济下行周期给予其充足的授信额度和一定的贷款利率下浮优惠，对航天模塑起到了雪中送炭的作用。2023 年，航天模塑迎来新能源汽车产业增长爆发期，毛利率达到 19.2%，趋近行业最高水平，最终作为优质核心资产注入中国乐凯顺利上市。

自 2024 年提出专项优惠贷款条线以来，截至 2024 年 8 月，公司共发放优惠贷款 57.57 亿元，利率较同期 LPR 降低 100 bp，为成员单位让利 5757 万元。信贷市场占有率从 43% 提高到 63%，充分支撑了航天产业发展。精准滴灌的产品策略也在央企财务公司开创了先例，2024 年电科财务公司、融通财务公司、一汽财务公司等单位先后到航天科技财务公司学习调研，央企财务公司支持服务实体经济、支撑集团主责主业蔚然成风。

栉风沐雨还坚劲，关山初度路犹长。面对新的形势任务考验，财务公司客户服务部信贷团队坚守支撑服务集团产业初心，积极“识变、应变、求变”，一方面夯实业务基础，筑牢风险防线，另一方面创新产品结构，精准滴灌产业。放眼未来，团队将紧跟集团公司系统重构和能力重塑的新要求，认真履行强军首责，助推集团产业发展。沉舟侧畔千帆过，病树前头万木春。时代在变，航天产融人的征途是星辰大海！

信贷团队合影

“青”言“氢”语　开拓产业链研究新视角

牟兰，1996年9月生，来自航天投资控股有限公司国创（北京）新能源汽车投资基金管理有限公司，工作以来主要从事项目投资论证和投后管理，参与了航天技术应用产业重点领域战略研究及投资论证任务，氢能产业研究报告曾获集团公司青年管理论文三等奖。

依托以投资促进产业链强链补链的生动实践，牟兰在产业领域战略研究中讲好“青”言“氢”语，支持打造集团公司氢能产业关键一环和专精特新企业，通过开拓上下游贯通的研究视角，锤炼强链补链的投资逻辑，在支持航天氢能产业高质量发展的征程中勇于创新突破、展现青春作为。

把握机遇，乘“氢”风逐梦

与“碳达峰、碳中和”的宏伟目标并轨，氢能已经上升到了国家能源战略高度。早在20世纪70年代，中国航天就开始在运载火箭等领域广泛使用液氢作为燃料。时至今日，集团公司在氢的液化、储运、安全使用及装备研制方面积淀了显著的先发优势。

牟兰

如何抓住双碳战略机遇，将航天氢能产业做大做强，是我辈青年学思践悟的重要课题。根植于集团优势，乘“氢”风而动，牟兰主动思考汇集“产业＋资本”资源禀赋的项目投资模式。

“找准产业关键环节，凝聚各方力量，设立新的公司，开启新的征程！”为了更好地发挥航天工程领先的煤制氢能力，形成具有竞争力的电解水制氢技术储备，以牟兰为代表的航天投资青年为新设产业化公司建言献策，参与确定战略方针、设置组织机构、搭建制度体系的多轮讨论。

2020 年 8 月，航天氢能有限公司成功设立，成为利用资本力量延伸产业链、赋能产业链的典型代表。自此，牟兰与航天氢能产业结下了不解之缘，踏上了“逐梦”氢能的青春旅程。

氢能公司工作研讨

在干中学，贯通“产业链”思维

在与航天氢能共同成长的四年中，牟兰参与储备项目分析论证、投运项目运行评价，深度触达市场。“一定要把产融结合、共赢发展的业务模式优势发挥出来。”投后管理中，依托于航天投资系资本的赋能和撬动作用，航天氢能与航天工程实现了相互“补链”、协同“强链”的联动发展。

实干是成长之基。这段孵化新设公司的经历，可谓是一堂以投资促进产业链强链补链、带动上下游协同发展的生动实践课。

经过延伸思考，牟兰在工作研讨中提炼出了“挖掘‘缺链补链’机会、深化‘有链强链’协同”的投资逻辑。“贯通产业链研究的视角，才能更好促进产融协同，支持集团氢能产业高质量发展！”分享得到了团队的广泛认同。

氢能公司调研现场

系统研究，讲好“青”言“氢”语

2022 年，集团公司部署了航天技术应用产业重点领域战略研究及投资论证工作。基于国创新能源汽车基金在氢气制备、储运加注、燃料电池及整车全产业链环节的投资布局，以及航天氢能项目组的实践经验，牟兰承担了主笔 8 个重点产业领域中“氢能”领域报告这一项光荣的任务。

氢能产业链条长、环节多，集团内涉氢单位数量多、业务广，必须经过深入系统的研究，才能为资源统筹和优化配置提供依据。“生物质制氢的技术路线以及目前技术成熟度究竟如何？”“煤化工、电解水制氢、生物质制氢的成本价格是多少？未来预期如何变化？”……牟兰通过调研、访谈等多种渠道“求真、求实”，对关键问题逐一剖析。

在氢能项目论证、投后管理工作的基础上，牟兰梳理集团涉氢单位资源禀赋，应用产业链上下游贯通的研究视角，提出“以制氢和液氢为主线加速业务规模扩张，引导主要承担单位发挥‘以点串线’的引擎作用，与其他关键环节产业主体协同合作”等建议，在支持产业高质量发展的研究中增添了“青”言“氢”语。

2022 年 7 月 29 日，集团公司氢能产业发展研讨会听取了牟兰主笔的《氢能领域战略研究及投资论证工作报告》专题汇报。报告为加快打造集团公司氢能产业关键一环和专精特新企业提供了支持，也为集团公司在氢能产业领域资源配置、政策支持等提供了参考。

青年是航天技术应用产业领域研究的生力军。2023 年 11 月，在航天投资团委的组织下，牟兰在题为“氢能领域战略研究与投资论证”的主题讲座活动中分享了对产业链强链、补链投资的思考，收获了热烈反响。

航天投资青年们将立足本职岗位，在服务国家重大战略、聚焦集团主责主业的产业链供应链投资中勇于创新突破、彰显青年担当！

匠心铸梦磨工具　勇于创新造新品

ASP+企业架构建模工具创新团队，来自北京神舟航天软件技术股份有限公司（以下简称“航天软件”），成立于2023年6月，团队成员共13人，其中青年占54%，平均年龄34.7岁，主要聚焦大型央国企数字化转型及集团公司数字航天2.0建设的要求，自主研发了ASP+企业架构建模工具（以下简称“工具”）。2024年开始，工具陆续在集团公司数字化专班及首都航天机械公司开展应用验证，在支撑数字化转型顶层规划层面初见成效。2023年，团队获公司优秀团队荣誉称号。

临危领命无所惧，自主攻坚志敢担

2020 年 9 月，国务院国资委在《关于加快推进国有企业数字化转型工作的通知》中提到，“加快企业数字化治理模式、手段、方法升级，以企业架构为核心构建现代化 IT 治理体系，促进 IT 投资与业务变革持续适配”。数字化转型的必然性、迫切性跃然纸上，企业架构在数字化转型过程中的重要作用也不言而喻。另外，经集团公司及航天软件调研发现，企业架构的落地需要一套信息化工具支撑。面对集团公司对自主可控工具的紧迫诉求，成熟

团队合影

商业工具虎视眈眈的态势，以及企业架构这一全新且极具复杂性的紧张局面，2023 年 6 月，航天软件抽取核心业务骨干，迅速组建 ASP+ 企业架构建模工具专业研发团队，踏上充满艰难险阻却意义非凡的自主创新征程。

青春热血铸工具，锐意创新攻难关

面对以上严峻局面，每一分每一秒都显得尤为珍贵。团队迅速聚焦核心任务，集中火力不舍昼夜地与时间赛跑，成功攻克一座座难啃的技术山头。模型的可视化表达是工具的核心关键与难点所在，而团队却面临着绘图经验近乎空白的艰难处境，济南的两位主力前端工程师，一位家中爱人刚刚怀孕且孕吐反应严重，另一位则是家中双胞胎呱呱坠地不久，面对家人需要安抚和照顾的局面，他们做好家属工作后便直奔北京。虽然国内成熟商业建模工具屈指可数、参考价值有限，但他们带着年轻人的满腔热血和不屈不挠的精神，从根源处发力，深入研究长达 8 万多行且满是纯英文注释、逻辑错综复杂的绘图框架源码，并大胆进行创新性设计，经过近两个月的日夜奋战，终于实现了工具的可视化建模能力。当面对需要将标准、制度、指导手册等管理文件解耦，从而融入企业架构模型的需求时，团队第一时间成立攻坚小组，而且团队中一位新婚不久的后端青年工程师在白天处理完日常工作后，经常深夜在家中攻坚文档内容可独立存储与应用的技术难关。通过团队持之以恒地艰辛拼搏，最终创新性地采用了块式存储与管理方案，成功凿穿数图文在线文档的关键技术壁垒。

原本以为研发一套工具是一项技术工作，应用实践时才发现竟然陷入企业管理的“漩涡”。如果把工具研发比作江河里汹涌的激流，那么方法论的研习探究就似森林中弥漫的重重迷雾。面对企业架构本身就涉及企业战略、能力建设、技术创新、管理变革、模式转变等多层次多跨度的复杂知识体系，以及集团领导新要求的“V 模型”“三张清单”工作法中资料缺乏的局面，团队产品策划组积极参加 TOG 权威机构及标杆企业实践培训，精读、细读、共读市面上几乎所有关于企业架构的书籍，深入研讨数字重庆、浙江的论文及著作，并积极开展交流学习。凭借艰苦奋斗及严谨务实的专业精神，团队开创性提出“三张清单”工作法与企业整体建模深度融合的点面结合、整体性变革方法论，并落实到工具

北京研发团队对某项关键技术开展研讨

中。2024 年秋天，团队发布了一款产品化程度较高的工具版本，为后续工程化推广应用提供了强有力的支撑。

精研深探不止步，一体贯通华光显

通过对企业进行建模，帮助企业理清了业务运作模式，形成转型实施路线图，并让企业内不同的人对企业现状和数字化愿景达成一致理解，形成共同的工作目标。

济南研发团队对前端问题开展工作分析

目前，工具已在集团公司及航天部分厂所开展试用，并收获很多认可与好评。但团队的脚步并没有就此停下，而是将目光放到了架构成果的长期可用性上，重点突破企业架构和 IT 系统对接联动的难点，充分利用与航天软件核心支撑平台，也是集团统一管控平台中的核心支撑——ASP+ 平台的一体化贯通优势，通过 PDCA 闭环工作体系实现模型运行分析和治理优化，解决企业架构落地难、迭代烦、与 IT 系统脱节等痛点，发挥企业架构建模成果更大的价值。

面对挑战与机遇，ASP+ 企业架构建模工具创新团队将以匠心铸梦，以创新为翼，勇往直前，用实际行动诠释着青年的初心和责任担当。

创新构筑安全屏障　守护北斗平稳运行

北斗运维青年团队，来自中国航天标准化与产品保证研究院，他们创新搭建星座运行风险评估预警平台，采用大数据架构，利用多元数据融合、人工智能数据挖掘、三维可视化建模等技术，为北斗系统研制建设过程的质量问题分析与风险评估，以及运行管理过程的风险感知预警与智能运维提供有力支撑。

自主创新　“攻克”技术难题“碉堡”

星座可靠性指标设计与分析是国内外公认的难题，特别是针对北斗系统的复杂异构星座，其可靠性建模等关键技术更是无从借鉴，工程总体带领行业专家发起“总冲锋”，组织了数十场专题论证会，誓要攻克北斗星座可靠性指标论证、分解与验证的掣肘难题，依然未能“攻下”异构星座系统可靠性模型构建这座“碉堡”。

北斗运维青年团队创立之初，以北斗室青年为主，联合其他有志青年，自发组织起来攻克难题。因条件有限，他们在不足25平方米的房间内，倾力投入、不断尝试，终于攻克了该技术难题，开创性利用贝叶斯网络强大的概率推理能力和擅长处理不确定性及条件依赖关系的特点，巧妙地将北斗系统异构星座及其相互间的影响关系通过贝叶斯网络进行建模，使得原本复杂的星座结构变得清晰可解，为北斗星座可靠性设计提供精确依据。

开放融合 “攻玉”巧借“他山之石”

为保障大型复杂工程的可靠性和安全性，工程技术人员通常采用加大裕度来保证产品安全，但单纯依靠提升裕度的“粗犷式”设计，将给星座研制建设成本和系统稳定运行带来沉重负担。

北斗运维青年团队没有一成不变继续沿用过去的经验，面对北斗星座“任务过程复杂、数据综合困难”的可靠性安全性评估特点，多方学习汲取载人航天、航空、核电、石化等大型复杂工程系统风险评估经验，融合利用概率风险评价（PRA）等先进工具方法，提升了评估“把脉诊断”系统运行“薄弱环节”的精确性，提出了针对故障风险“短板弱项”的精准改进意见。该方法赋能平台成为工程总体风险决策的“智囊军师”，确保资源最大化利用与合理分配，支撑系统进行有效改进升级，使系统更安全、更可靠。

团结一心 “集成”开发“好平台”

星座运行风险评估预警平台开发没有成功经验可以借鉴，功能模块、数据库设计、软件编码、可视化设计等需求一再变化，系统智能运维标准和要求也不断提高，任务需求多、变化快、节点紧，工程任务支撑难度激增。

北斗运维青年团队迎难而上，将团队课题研究形成的技术成果和实践积累的应用经验等进行集成与封装，按照方法、数据、软件、硬件分类，构建可在团队内重复使用、降低成本或提高效率效益的模块，探索出一套集成产品开发模式，通过共用技术成果模块和跨专业的团队协作，快速、高效、高质量为北斗系统稳定运行不断贡献“团队智慧”。

追求卓越　奋发有为“拓新局”

北斗三号系统开通服务以来，这些年轻人紧盯系统运行状态，持续开展卫星运行风险评估、质量问题分析、运行风险分析评估与控制保障链等工作，保障了北斗系统平稳运行。面对数字化、人工智能等技术的快速发展，团队探索利用数字孪生、生成式大模型迭代升级平台能力，研究质量问题综合分析、智能问答、故障智能诊断、风险措施智能匹配等新应用。

千帆竞发，百舸争流。团队青年积极响应上级领导“借鉴北斗风险评估与控制模式，助推我国星座高质量高效益建设与运行”的要求，用北斗创新突破的“好经验”“好做法”，助力新建星座提早开展星座建设与运行风险评估与控制工作，为我国航天事业贡献质量风险、供应链风险、经济性风险评估与控制能力实践方案和北斗智慧。

仰望星空，北斗璀璨。脚踏实地，行稳致远。北斗运维青年团队将继续秉承“自主创新、开放融合、万众一心、追求卓越”的新时代北斗精神，突破风险管理、数字化、供应链、成本分析等关键核心技术，将风险管理工作扎稳筑牢，为我国航天事业再立新功！

探索报道新方式　传播航天好故事

中国空间站全面建成专题报道项目团队，来自中国航天科技国际交流中心新闻事业部，团队成员共21人，青年占51%以上，主要从事航天重大工程宣传报道工作。团队成员参与了载人航天、月球探测、火星探测、北斗导航等重大工程任务报道，曾获中国新闻奖一等奖1项、三等奖4项，第五届“五个一百”网络正能量作品，国务院国资委“十大新闻创客”，国家国防科工局优秀军工宣传个人，集团公司航天贡献奖、十大杰出青年、青年岗位能手、宣传思想工作先进个人等荣誉。

习近平总书记强调，宣传思想文化工作面临新形势新任务，必须要有新气象新作为。党的二十届三中全会提出，构建适应全媒体生产传播工作机制和评价体系，推进主流媒体系统性变革。

中国航天科技国际交流中心新闻事业部中国空间站全面建成专题报道项目团队深入学习贯彻习近平总书记给航天科技集团空间站建造青年团队回信精神，胸怀“国之大者”，弘扬传承航天精神，团队创作的《“中国空间站全面建成”专题报道》荣获第三十四届中国新闻奖重大主题报道类作品三等奖。

团队合影

弘扬航天精神，讲好航天故事

中国空间站建造和运营举国关注、举世瞩目。如何能够通过新闻作品既全景展示空间站在轨建造全过程，又讲好航天人参与空间站建设的心路历程故事，还能体现航天系统工程理念的巨大作用和航天精神的震撼力量，项目团队从前期策划就一直在思考这一系列问题。

能不能聚焦空间站建设的中坚力量，通过载人航天工程多个系统“两总”的口述形式来讲述？能不能用空间站构型的变化展现建造的过程？能不能用中国风作为整体的设计风格？……项目团队通过一次次头脑风暴、集中策划，专题报道的整体模样一步步被描画出来。

从策划到实施，采访团队采用贴近式报道倾听“两总”声音，编辑团队查找核实大量图文资料，经过半年多的精心打磨、仔细推敲，在习近平总书记给集团公司空间站建造青年团队回信一周年，到集团公司参加主题团日活动十周年之时，重磅推出“中国空间站全面建成”专题报道。

专题报道包括载人航天工程多个系统“两总”独家专访，中国空间站建造全景图及高光时刻等内容，发布后一时间引发社会大众广泛关注，在互联网上掀起“刷屏”之势，累计阅读量（点击量）超过 100 万。网友阅读相关报道后积极留言，畅谈对于中国空间站工程和科学家的敬仰之情，为航天科研人员以国为重、奉献航天的大爱和严慎细实、开拓创新的精神点赞。

坚持内容为王，深耕行业特色

内容永远是根本，融合发展必须坚持内容为王，以内容优势赢得发展优势。一直以来，新闻事业部将传播力、引导力、影响力、公信力作为立身之本，坚持“内容为王”，项目团队在创作中也始终秉承精品意识，着眼最具优势最有特色的领域，深耕细作、深度挖掘。

在前期策划的基础上，项目团队决定以第一人称视角来呈现独家对话“两总”系列报道。7 位总设计师或总指挥的对话报道以专访自述的形式娓娓道来，讲述中国空间站建造背后的故事。由于采访“两总”机会难得，记者们前期搜集整理大量相关素材进行消化吸收，然后尽可能创造与“两总”接触的机会，辗转多地开展采访，并对口述内容进行再创作，真实还原“两总”的成长经历和航天人参与空间站建设的心路历程，最终形成独家丰富的专访内容。

“航天是‘千人一枚箭、万人一杆枪’的事业，没这精神，这么多人、单位、系统就捏不到一起。”“我们的无悔付出，就是为了那句重如千钧的承诺：有我们，请放心！”“干航天需要情怀，这份情怀不是与生俱来的，而是你不断奋斗之后的感悟。”在这组系列报道中，“两总”们真切的话语

团队成员在工作现场

无不展现了举世瞩目的伟大工程背后的个人力量，同时也彰显了航天系统工程理念的巨大作用和航天精神的震撼力量。

中国风的设计元素也是团队从一开始就提出的创意，最终报纸以“手绘+3D 构图”的方式，通过两个连版贯穿展现了中国“天宫”建造的全过程，在版面上很好地将中华传统文化与工业制造之美融合起来。

专题报道以扎实的采访、独家的内容、精美的设计赢得航天行业领导专家、一线科技工作者、新闻战线同行的高度认可，被各大新闻网站转载并重点推荐，成为媒体同行对空间站全面建成开展进一步报道的重要线索，进一步增强了传播效果。

创新生产机制，推动融合发展

习近平总书记多次强调，要不断增强脚力、眼力、脑力、笔力，努力打造一支政治过硬、本领高强、求实创新、能打胜仗的宣传思想工作队伍。新闻事业部坚持正确政治方向、舆论导向、价值取向，主动适应新时代数字技术发展趋势，创新内容供给，实施内容生产供给侧结构性改革，以中国空间站全面建成为契机加强专版专栏融合建设。

独家对话“两总”系列报道和“建宫长卷”内容均在《中国航天报》全媒体平台刊发，报纸还尝试应用了3D建模和AR互动技术，只要对准报纸版面上的空间站手绘图扫码，即可观看空间站3D演示画面，让空间站更加立体地呈现在读者眼前。

此外，为专题报道特别制作的视频《筑梦天宫图》更是让“建宫长卷”的建造全景图“动”了起来，兼具新闻作品的现场感，充分体现“天上宫阙，今朝梦圆”的美好寓意。

在此次专题报道项目中，团队坚持传统媒体与新媒体一体化策划，实现移动优先、PC做全、纸媒做深、新媒体做活、多次生成、多元传播的策采编发新流程，大量运用人工智能、大数据等新兴技术，丰富融媒体内容生产和传播途径。报道在行业内外引发广泛关注，也是作为科技类行业媒体在新时代坚守主责主业、履行媒体责任取得的突出成果。

心中有梦，眼中有光，脚下有力。团队将始终奋战在航天新闻宣传一线，坚持导向为魂、移动为先、内容为王、创新为要，为充分宣传报道航天重大成就和先进人物团队典型事迹，为提升集团公司乃至中国航天事业的影响力和美誉度作出突出贡献。

绘织青春经纬　筑梦安全护航

网络安全运营青年创新团队，来自航天通信中心，团队成员共16人，其中青年占比68.8%，主要承担集团公司全级次单位互联网出入口集中收敛、安全监管和安全运营等重要任务，团队及成员先后获得集团公司信息化工作先进集体、航天精神荣誉奖，集团公司第四届、第五届网络安全竞赛一等奖、二等奖等荣誉。

没有网络安全就没有国家安全，维护网络安全是以新安全格局保障新发展格局的战略要求。2021 年，国资委对网络安全在线监管提出要求，如何全面提升集团公司网络安全能力水平成为必须解答的难题。面对前所未有的挑战，航天通信中心网络安全运营青年创新团队打破常规，创造性地提出了“一主五分”网络安全运营体系，将集团公司全级次单位互联网出入口集中收敛并统一监管，基于 SASE（安全访问服务边缘）架构构建起“监、防、控、评、管”五位一体的网络安全运营体系。该体系与传统安全运营模式相比，可使全集团互联网建设及运维成本缩减 100 倍以上，能够有效降低集团公司互联网暴露面的安全风险，为集团公司数字航天建设和我国航天事业的安全稳定发展保驾护航。

团队合影

青春织网，安全共建

团队组建初期，虽然成员们都是充满活力与潜力的信息化和网络安全人才，但是没有人具有建设集团级安全运营体系的经验。这意味着他们要从零开始，潜心于论证会、调设备、排故障等日常工作，摸索出适合集团公司的安全运营之道。

集团公司所属单位遍布全国，建设集团级的网络安全运营体系谈何容易。面临这样的巨大挑战，团队精准定位网络碎片化、信息孤岛等痛点问题，通盘分析互联网出入口现状，统筹建设网络中心就近收敛各单位互联网出入口，基于 SASE 架构集中监管收敛后的互联网流量，在互联网边界位置集约化部署安全防护措施，允许各单位复用高度集成的安全资源，形成覆盖“监、防、控、评、管”五位一体的网络安全运营体系，有效保障集团公司互联网稳定

团队综合复盘现场

运行，全面提升总体网络安全防护水平，实现集中管控与总建设成本最优的目标。

青春御网，安全运营

网络安全是动态的而不是静态的，因此必须牢固树立动态防护理念。网络攻击的特点决定了这项工作并不轻松，常态化安全运营离不开永远在线、不断变化、高强度集中的处置动作。在运行过程中，团队成员始终冲刺在最前方，随晚霞沉入山际、伴红日跃出地平，以 7×24 小时不间断的坚韧与执着，成功实现从“织网”到“御网”的艰难跨越，为集团公司互联网筑起了一道坚不可摧的动态安全屏障。

团队深度参与公安部、科工局等机构组织的网络安全演练行动，成功发现并处理境外 APT（高级持续性威胁）组织针对性的鱼叉攻击、黑灰产组织伪造政府部门的钓鱼攻击、攻击者渗透利用导致关键信息系统失陷等重点网络安全事件。在两年的运行时间里，团队成功定位外部恶意攻击源近 14 万个，及时发现、阻断外部威胁 9 亿余次，协助集团所属单位发布风险预警 300 余项，处置网络安全事件近 500 起。其间，与国资委、科工局、国家互联网应急响应中心等上级监管机构紧密协同，共同构建起联防联控、情报共享、高效协同的联合安全运营机制，助力中央企业网络安全水平整体提升。

青春智网，安全筑梦

在安全运营初期，团队深刻意识到攻防速度不对等、渗透手段频繁迭代、端侧响应能力有限、专业人才储备不足等痛点问题。

面对不断涌现的新形势和新挑战，团队成员积极探索现有安全运营模式的优化与升级，与时俱进将人工智能、大数据、云计算等新技术赋能网络安全运营，将经过深度训练的 AI 大模型以网络安全专家的身份应用到常态化监测和研判工作中，实现在最短时间内阻断真实有效的恶意攻击行为，当内部

团队调测设备现场

网络存在风险隐患时可以第一时间做出响应，极大减少了安全监测的人工成本投入，有效提升了威胁监测质量和风险阻断效率。

航天通信中心网络安全运营青年创新团队知重负重、奋发拼搏，他们勇于探索能创新，敢于打破固有思维模式，夯实网络安全防线；他们大力协同能攻关，以梦想为舟，以实干为桨，团结一致克服重重困难；他们艰苦奋斗能奉献，站在没有聚光灯的幕后战场，正因为有他们熬过无数个夜晚，我们每晚才能睡上一个“安稳觉”、做上一个“踏实梦”。

“守护网络安全就是守护国家安全底线，确保国家的网络空间主权和利益不受侵犯。”团队里的每位成员始终秉持这一信念，以更加饱满的热情和更加坚定的决心投身到网络安全事业中，为集团公司数字航天建设和我国航天事业的安全稳定发展保驾护航，为航天强国、网络强国、数字中国建设持续贡献青春力量。